新北京 上部

沉睡 / 撰文、摄影

NEW BEIJING I

ARTTIME 时代出版
时代出版传媒股份有限公司
北京时代华文书局

图书在版编目（CIP）数据

新北京（上）/ 沉睡 / 撰文、摄影 . -- 北京：北京时代华文书局 , 2013.10
ISBN 978-7-80769-076-4

Ⅰ．①新… Ⅱ．①沉… Ⅲ．①北京市－概况－图集
Ⅳ．① K921-64

中国版本图书馆 CIP 数据核字（2013）第 216264 号

新北京（上）

沉　睡／撰文、摄影

出 版 人　田海明　周殿富

策　　划　余　玲　　责任编辑　余　玲　杨迎会
责任校对　智王晴　　装帧设计　柴　小

出　　版　时代出版传媒股份有限公司　http://www.press-mart.com
　　　　　北 京 时 代 华 文 书 局　http://www.bjsdsj.com.cn
　　　　　北京市东城区安定门外大街 136 号皇城国际大厦 A 座 8 楼　邮编：100011

发　　行　北京时代华文书局图书发行部　（010）64267120　64267397
印　　制　北京雅昌彩色印刷有限公司　（010）80486788

规　　格　889mm×1194mm　1/16
印　　张　21
字　　数　200 千字
图　　片　800 幅
版　　次　2014 年 2 月第 1 版　2014 年 2 月第 1 次印刷
书　　号　ISBN　978-7-80769-076-4
定　　价　200.00 元

沧桑颜容之心灵时空：印象故宫

灵山之交响诗章

出 版 说 明

　　表现一个时代的精神，反映一个国家的风貌，最有说服力的是从这个国家一个有代表性的城市入手。如果要表现当代中国的精神风貌，最有代表性的城市当然是北京。《新北京》就是我们在这样的出版理念下，推荐给广大读者的。

　　众所周知，首都北京这一二十年来发生了巨大的变化，她正日新月异地从一个封闭大国的首都，变成开放性的、接纳着整个世界的国际化大都市。《新北京》就是在这样的冲动下开始构思创作的。作者在这里所要表现的当然不仅仅是北京的文化名胜、现代建筑、风情民俗等等可以看得见的事物，作者更致力追求的是表现北京的精神风貌，如北京国际化的视野、北京海纳百川的胸怀、北京勇于创新的胆识等等。这就需要作者将自己的视角伸向北京的方方面面，将自己的思考深入到北京的心灵深处，近四年来，作者在这些方面倾注了大量心血，终于向社会奉献了这部厚重的大书——《新北京》。

　　作为一位跨界艺术家和文化学者，作者是从自己的视野和感受来认知北京的。毫无疑问，这里所表现的一切，都烙有作者自己个人的鲜明印记，从画面的截取到对事物的评价。换一位作者表现北京，必然有另一番风景，另一番见解。这些对读者来讲都是不言而喻的。我们从中所分享的是作者独特的视角，独特的见解，即使这些视角不够理想，这些见解还有待深化。

　　改革开放三十多年来，我们的祖国发生了翻天覆地的变化，不仅北京是如此，我们生活的每一座城市，甚至我们居住的每一个社区、每一个村庄都是如此。感受这些变化，诉说我们的不满和追求，从而为实现我们的梦想和愿景而努力，是我们每个人都可以去做的，虽然我们不一定都要来写一本书。从这个意义上说，《新北京》给我们的启示也许更多更大。

北京时代华文书局

2013 年 12 月

内 容 简 介

同样是北京，我们却决意赋予你一种全新的画面印象——此乃本书之宗旨与基本诉求。

众所周知，拥有八百六十载沧桑岁月的古都北京，不仅为当今中国之首善，还是整个当代世界之东方窗口，并日益为国际观瞻所系。而今，北京与华盛顿业已化为了东、西方世界两个最重要、最具代表性的地方，前者表征着崛起和复兴中的历史上东方最重要的大国与力量，而后者则表征着20世纪初以降这百余年来西方世界最重要的、同时也是对整个世界最具影响力的大国与力量。虽然，作为当代东方世界的代言者，北京的国际地位日益重要，然而，由于文化工程过于浩大以及操作层面的难度，致使迄今为止尚没有一部介绍北京之方方面面的图文并茂的书籍问世，以至于不论是国人，抑或是西人，意欲及时准确认知和获取当代北京之完整印象，每每都会变得困难重重，正是在此背景下，本书应运而生。本书不仅要致力于化为一种地域意义上的认知地图，还致力于化为一种文化意义上的、精神意义上的、时代意义上的认知地图。另外，本书还希望实现一种图文互动，甚至是看图说话、看图识景、看图知世之朴素诉求。

本书上部将"北京新地标"置于了首位，并将北京四大博物馆、四大前卫美术馆，以及当代北京最具前沿气息的书店与咖啡馆等，都列为了不容错过的城市风景，同时，在审美意象、文化符号上，又将人类古文明之奇观——箭扣长城与八达岭长城，列为了蜿蜒于巍峨燕山并对北京甚至整个华夏而言都意味着永恒不朽、神奇而常新的精神风景。凡此种种，皆成为本书之核心看点。

本书下部则集中致力于诉诸一种精神风景之影像抒写，与一定尺度的时代叙事，亦即，下部既具有鲜明的精神色彩，同时又具有一定程度的叙事色彩。在精神层面，涵括现当代舞蹈、新媒体艺术、跨界艺术与宏大叙事使命的前沿艺术，以及日益在被大规模商业化与产业化并被作为百花齐放之重要表征之一的摇滚景象，成为了两个最突出之看点，它们为广厦林立、立体交叉的北京，赋予了全新而异样的精神气息与脉动节奏。特别是现当代舞蹈这个章节，此乃全书之核心风景，因而被浓墨重彩地加以强化和聚焦。之所以如此，乃在于这道绚烂异常的精神风景，不仅在当代中国是独一无二的、不可重复的，在当代世界也同样是熠熠生辉而灿烂夺目的。它既表征了当代精神的一种深度和高度，赋予了苍茫无垠的茫茫都市以灵动的色彩和如诗的气象，同时，从视觉印象上而言，它可能会令你眼界大开，并可能会给你的灰色视界注入一种能量与清亮之光。此外，北京大学之绚烂景象与新异视角，也是下部集中着墨和撷取的一个重要部分。

而在时代叙事层面，表征老北京的景山、胡同、街巷等的篇章，与表征北京新气象和浪漫幻想的篇章，以及反映生态北京、气象北京的篇章，和深情礼赞时代劳动者与建设者的篇章，皆被一一收入了全景视野之列，它们与精神风景的并置与交响，无疑在增添着北京的魅力，强化着北京的特殊磁场。

本书兼具旅游、文化、时代、历史、艺术、哲学、美学、文学与人文地理等特质与色彩，虽然还谈不上博大精深，但对海内外读者及时认知当代东方世界之窗口的博采画面与特殊表情而言，却是一个不容错失的有效选择。本书上部、下部分别为《沉睡摄影全集》第51卷、第52卷内容。

作者简介

沉 睡
跨界艺术家与文化学者

★主要思想、艺术与人文地理著作有：
《新北京 下部》（北京时代华文书局 2013 年版）
《印象西峡》（北京时代华文书局 2013 年版）
《摇滚 时代》（中央编译出版社 2010 年版）
《废墟之花》（中国青年出版社 2005 年版）
★主要主编著作有：
《世纪中国》（中国友谊出版公司 2006 年版）
《灵光乍现》（《文化中国》）（社会科学文献出版社 2001 年版）
《智识的绝响》（《未来之路》）（社会科学文献出版社 2001 年版）
★主要策划活动及正在策划活动有：
"禅·灵与火"
（先锋影像·现代舞·迷幻摇滚·多语种诗歌四维一体展演 北京
星光现场音乐厅 2007 年）
"跨媒介感应"——古琴·影像·诗歌（桥艺术中心 2008 年）
首届中国先锋电影展（首经贸、猜火车、壹空间等 2010 年）
"命运·人类——世界顶级跨界展演与思想传递"（策划中）
"宋庄国际艺术节与宋庄国际艺术区"（策划中）
★主要音乐作品有：
《现代史诗 第一部 童真》（唱片 香港音乐传讯 1996 年版）
《现代史诗 第三部 时空的瓦解与疾束的超越》（唱片 1999 年版）
《圣火·世界·梦想》（为奥林匹克精神所作 2007 年）
★主要影像作品与电影剧作有：
《战争四重奏》、《虚拟之影》、《酒色·月色》、《冰火之间》
（先锋电影剧作 2004 年）

★主要参加演出有：
北京 "法国音乐节"（1998 年）
"飙音地带"（香港卫视音乐台 [V] 2000 年）
"本初与永恒"（多媒体实验诗 – 歌剧 D–22 2006 年）
★主要参与活动有：
2013 第十三届中国平遥国际摄影大展（平遥 2013 年）
"未来十五年"论坛（新华社 2008 年）
中日诗歌交流节（首师大 2006 年）
首届北大未名诗歌节（北大正大国际中心 2000 年）
★主要主持节目与活动有：
"周边 32"（北京有线电视台 1996 年）
2008 中国化管理高峰论坛（清华科技园 2008 年）
★主要国际交流有：
卡塞尔国际文献展及卡塞尔大学文化交流（德国卡塞尔 2007 年）
★曾在《人民日报》（海外版）、《中华读书报》、《文化月刊》、《粤
海风》、《世界音像》、《非》音乐、《东方文化》、《世界艺术》、
《人像摄影》、《今日人像》等报刊杂志，及 "北大在线"、"新浪"、
"搜狐"、"榕树下"、"犀锐"、"中国学术论坛"与"艺术国际"
等网站发表、发布过多篇理论文章、文学作品及大量图片摄影作品。
思想与作品曾被《北京日报》、《北京青年报》、《中国书报刊博
览》、《好书》、光明日报网、《大公报》、德国汉堡广播公司、
美国 Zu Casa 网站、加拿大《OUTPOST》（《前哨》）杂志、中国新
闻社与美国中文电视台（"流行中国·新锐人物"）、中央电视台
等媒体先后推介。

目 录
Contents

6 前言
Introduction

1 第 1 章 **北京新地标：798、CBD、国家大剧院与鸟巢及水立方之奇异图景**
Chapter 1 **New Landmarks in Beijing: 798, CBD, NCPA, Birds' Nest & Water Cube**

40 第 2 章 **形与神：北京四大博物馆之内外写真**
Chapter 2 **Form & Spirit: Four Major Museums in Beijing**

72 第 3 章 **姿与影：当代北京前卫美术馆之全景扫描**
Chapter 3 **Look & Shadow: Panorama Scanning of Vanguard Art Galleries in Contemporary Beijing**

102 第 4 章 **中心表情与光影律动：天安门广场之季节歌谣**
Chapter 4 **Look of the Center & Rhythm of Shadow: Seasonal Ballads of Tiananmen Square**

132 第 5 章 **极限体验：箭扣长城之九霄奇观**
Chapter 5 **Ultimate Experience: Marvelous Spectacle of Jiankou Great Wall**

150 第 6 章 **审美体验：八达岭长城之姿影与召唤**
Chapter 6 **Aesthetic Experience: Picturesque and Calling of Badaling Great Wall**

168 第 7 章 **画卷体验：金山岭长城之色彩印象**

Chapter 7 **Scroll Painting Experience: Colorful Impression of Jinshanling Great Wall**

176 第 8 章 **时空体验：灵山之交响诗章**

Chapter 8 **Space-time Experience: Symphonic Poem of Mount Ling**

190 第 9 章 **幻梦体验：龙庆峡之南国风韵**

Chapter 9 **Illusive Dream Experience: Southern Charm of Longqing Gorge**

194 第 10 章 **民俗体验：爨底下村之古典神情**

Chapter 10 **Folk Customs Experience: Classical Look of Cuandixia Village**

206 第 11 章 **诗意家园：香山与北京植物园之四季饱览**

Chapter 11 **Poetic Homeland: Enjoying Four Seasons of Fragrant Hills & Beijing Botanical Garden**

240 第 12 章 **古典风情：前门步行街、王府井与故宫之悠悠诗韵**

Chapter 12 **Classical Flavor: Poetic Rhymes of Qianmen, Wangfujing Street & Forbidden City**

268 第 13 章 **精神时空：当代北京前卫咖啡馆与前沿书店掠影**

Chapter 13 **Spiritual Space-time: Sketch of Vanguard Cafes & Bookstores in Contemporary Beijing**

308 第 14 章 **京城夜色**

Chapter 14 **Starlight of Beijing**

前　言

由上、下两部所组构而成的《新北京》，是一种将城市风光与人文图景、旅游与文化紧密相融的大型图书，它主要由地标风景与时尚风景（上部），及文化风景与时代叙事（下部）这两个板块组成，并由时尚、前沿、中心、边缘这四大当代元素并列而构成，对应并表征这四大表现元素的，分别为：其一，798与各类时尚咖啡馆、时尚空间及摇滚景象等；其二，北京现当代舞蹈掠影，及诸多跨界艺术与新媒体艺术掠影；其三，天安门广场与CBD（中央商务区，后同，不再一一注出）之亮丽图景，及北京大学等特定表情；其四，箭扣长城、八达岭长城、诗意家园（香山与北京植物园）、香山民俗、通州菜农与拾荒者及其子女的真情实景等。简言之，《新北京》这套人文画卷试图打造成这样一种作品：一种在向当代世界介绍当代北京方面最有说服力、最为全面的大型图文类作品。

众所周知，作为当代中国之首善，一直以来，北京所拥有的得天独厚的人文地理优势与地缘及世界版图优势，使其成为海外人士——包括各级使馆人员、世界各大媒体机构、世界各类跨国商业机构、各国留学生群体、各国来华经商者与各国旅游群体——来华最集中、人数最多之地，此其一。

其二，北京是目前拥有外地人口最多的中国城市，此前，官方最新公布的北京市常住人口为2018.6万人[①]，而百度百科网站最新公布的数字为2069.3万人[②]。请注意，这两个数字所指的均是常住人口，即登记在簿的人口，而非日均人口拥有总量。日均人口拥有总量与常住人口存在着巨大的差异，在汹涌澎湃的城市化浪潮中，日均人口拥有总量才代表着当今一个城市最真实的人口存在状况。何以如此呢？因为常住人口这种统计法所提供的人口数字，根本未将日复一日地都在蜂拥进北京的各类流动人口、长年滞留北京的"蚁族"大军、终年没有固定住处的数十万艺术寻梦者，以及难以计数也无法确切统计而散居于各处的民工大军完全统计在案，同时，也未将周而复始都在蜂拥而入的国内旅游大军与国际旅游大军的大致人数统计在案。倘若将上述诸多群体及其他未知群体统计并加上，北京的日均人口拥有量将大得惊人，很可能会远远超过我们所能想象的范围。1号线地铁"每日都处在春运高潮中"，以致上下班常常成了许多人在北京所面临的严峻的考验，这一存在现实，与一直无法有效解决的全城终年都处在高度拥堵状态的另一存在现实，便是北京人口激增、实际人口与统计数字存在巨大差异的明证。而且，与西方国家的城市早已定型、多个世纪不变的情景不同，北京时时刻刻还处在不断地膨胀和扩建之中，只要现今的城市化与现代化的基调与进程保持不变，只要作为国家支柱产业的房地产业的基本存在方式与一整套游戏规则保持不变——其结果就是更多的土地和可耕地被城市继续鲸吞，因而势必迫使更多的农村人口潮水般地涌进城市——那么，此现象就势必会使以北京为代表的各大城市将继续膨胀下去。

很显然，对于这样一个在城市人口拥有总量上排在全球前几位的特大型城市而言，它迫切需要一种视界宽广而完整的图文书籍的诞生，以便可以在第一时间将北京这个当代东方世界的热点城市、这个当今世界第二大经济体之首都的诸多真实景象，

[①] 详见2013年3月20日版的《京华时报》A10版《北京人口数量超出承载》一文内容。

[②] 详见百度百科网站2013年3月7日版内容。在该版内容中，百度百科在"人口"专栏中又这样分析说，目前北京的人口总量，"如果加上外来和流动人口（2007年北京外来和流动人口超过1.47亿），则超过1.69亿，居全国之冠"。

尽可能多地介绍给国内与国际。同时，对于海内外的旅游大军来讲，也可借此获得一种城市人文地图，及旅游指南和参观指南性的参考读物。在此基础之上，这个特殊的、几乎表征着当代中国之一切的城市，当然更需要被聚焦和铭记，而聚焦和铭记就需要一种实实在在的、清晰呈现的东西。正是在上述诸多实际需求的作用下，才促成了这套大型人文画卷之诞生①。

当然，需要指出的是，之所以将书名定位为"新北京"，而非诸如"北京纪实"或"北京风光"等，乃在于这套人文画卷无意做成一种缺乏生气的、菜谱式或地图式的东西，虽然它不乏深入聚焦，但总体而言，它不是焦点透视性的，而是一种源自中国古典审美法则的散点透视性的。此做法与战略定位可使作品所表达的视野更为宽广、恢弘，同时，由于主动游离了对现实的照搬照抄式的流行风尚，可使表达对象更为本质而传神，更能折射时代的本质。或曰，这套人文画卷所试图旨在表达的，是某种艺术家与人文学者视角的当代北京，而非某种行政官员、统计学家或工程师眼中的北京。同时，这种总体上更趋艺术性的而不是更趋纪实性的表达，可使在未来若干时代以后，即使现今北京之一切被更新的景象替代了，表达它的艺术作品——譬如这套人文画卷——依然能够长时期地作为一种艺术品而闪现于历史长廊。

当然，这并不等于说整个作品就可以置基本的现实情景于不顾，而只去醉心于进行一种纯粹的作者表达；正相反，一种比诸多同类出版物可能更贴近生活、贴近底层、贴近心灵的表达，还是始终跃然于全书的。此种情形鲜明地体现在"都市边缘"等章节之中。缘此，这套带有某种印象主义色彩的人文画卷，在对现实进行零距离式的有效观照与撷取的同时，还希望实现一种更为高远的诉求，即进而去折射这个典型时代、典型历史时段的内在神情与文化实质。

这套人文画卷，就是在上述市场之实际需要与时代精神的呼唤之下由理念而顺理成章地化为实际文化产品与艺术作品的。撇开那些高远的祈愿，单从实际情形与市场需求上来讲，这套人文画卷还显然具有着中外游客的导游地图之功能与价值。

譬如，来北京观光常常首先需要参观天安门广场，那么，书中的"天安门广场之季节歌谣"这一章节，可为中外游客提供一个重要的心理预期和参考，可为其提供出一年四季各个时节中最具代表性的一系列画面，以供其参考和判断。再比如，眼下北京什么地方才是最为时髦、最为时尚的地方？那

---

① 实际上，进一步讲，这套大型人文画卷的诞生与问世，拥有着如下更为显明的缘由与存在意义：

随着条条马路的不断拓宽、圈圈环路的重重叠加、地铁线路的不断延伸、各种车辆的不断递增，置身于都市中的大多数人对都市却反而是日渐知之甚少。譬如说，目前北京共有多少条地铁线路以及其总里程是多长？CBD的区域面积到底包括哪些地方？北京第一高楼的高度是多少米？什么地方最能体现出北京的商业景象？什么地方最能体现出北京的民俗景象？什么地方最能体现出北京的时尚风景？什么地方最能体现出北京的夜生活景象？什么季节最能充分彰显北京的城市风光？什么地方能领略到北京的诗意景象？什么地方能代表北京的艺术中心？什么地方能代表北京的商业中心？当代的几大地标性建筑之主要特质和存在的缺憾分别是什么？什么地方能品尝到北京国际水平的精神食粮？什么地方能一览无余地看到上下五千年中国历史的时空长廊？什么地方能感受到万里长城的最险峻风光以及这些地方如何到达？北京种类繁多的国际性艺术节与各类艺术展品之图景如何？以及其举办于何处？等等。凡此种种，并没有多少人真正同时知晓，除非是某领域的专业人士。

何以如此？因为当代北京堪称一个多中心的国际大都市，其景象有些宛如浩瀚夜空的茫茫银河，令人目不暇接。譬如，就时尚风景而言，北京就不是仅有一个中心，而是同时存在多个中心，像798、宋庄、芳草地、三里屯、一号地等，许多地方都在构成着自

己的时尚中心；再比如，就怀旧景象与城市民俗景象而言，前门步行街、王府井步行街、潘家园旧货市场、琉璃厂等不少地方，都在构成着各自的老照片似的中心风景；再比如，就五光十色的夜生活而言，以往主要体现在三里屯，而今，三里屯、南锣鼓巷、后海、朝阳公园周边、汽车影院、五道营、方家胡同等处，都在构成着自己的夜生活中心；再比如，就商业图景而言，以往主要体现在王府井、东单、西单几个地方，而今，除此以外，中关村硅谷、上地、动物园等地方也都在以不同的定位与风格构成着各自的商业中心；再比如，就艺术演出与艺术作品展览而言，以往主要体现在北京音乐厅、世纪剧院、保利剧院（艺术演出方面），以及中国美术馆与中国国际展览中心（艺术作品展览方面）这些地方，而今，除上述这些地方以外，国家大剧院、朝阳九剧场、东方先锋剧场、方家胡同46号院、北大百年讲堂、天桥剧场、蓬蒿剧场等地方（艺术演出方面），以及上上国际美术馆、宋庄美术馆、今日美术馆、皇城艺术馆、桥艺术中心等地方（艺术作品展览方面），也都在形成着各自的拥有固定艺术、固定受众、固定媒体及诸多环节参与的中心。总之，当代北京是同时存在着多个领域、多个层面、多个视角、多个空间与多个地域的多个中心，要想完整而又清晰地认知它，读解它，观看到其全貌，进而充分融入它，的确并非易事，这的确需要一种导读、导视、导游式的东西之辅助，才能及时把握住北京之总体概貌。《新北京》这套人文画卷，试图扮演的正是这样一种角色。

么，这套人文画卷会告知你，是798，即"红、白、灰：印象798"这个章节，并会告知你798这个时尚艺术区的一系列代表性景观。同样，作为世界几大古代奇迹之一的万里长城之雄姿，到底是怎样的一种姿影？在举世闻名的八达岭长城之外，还有没有更令人心动的长城图景？如果有，它长得怎么样？又将如何到达？那么，这套人文画卷在"极限体验：箭扣长城之九霄奇观"这一章节中，对上述疑问借图片的形式给出了一个实实在在的回答。再比如，要参观当代北京的地标性建筑，或参观最具代表性的博物馆与美术馆的话，那么，什么建筑才是最具地标性的？什么博物馆与美术馆才是最值得参观的？其馆藏的最具代表性的东西又是什么？这套人文画卷在"国家大剧院"、"北京四大博物馆"及"北京前卫美术馆扫描"这三个章节中，同样予以了全面而又形象生动的回答。而在去最具代表性的人文景观、地标建筑、时髦之地，与当今最具代表性的博物馆、美术馆、大学（比如画卷所着重展现的"北京大学之诗性视角"这个章节）参观之余，若想再去咖啡馆放松一下，并去几个书店买几本书的话，那么，眼下什么咖啡馆与书店才是最具个性化色彩并最能买到好书的？这套人文画卷在"北京前卫咖啡馆与前沿书店"这一章节，同样罗列了一系列可资着重参考的地方；最后，在参观或拥有了北京的表象景象之后，若想进一步了解当代北京的前沿艺术风景，甚至还想再去了解一下支撑北京之现代化车轮，及保障北京之城市生态正常运行的底层劳动者之真实生存场景的话，那么，本画卷中的"艺术前沿"与"都市边缘"这两个章节，可为这种深层精神欲求打开一扇令人眼界大开的窗子，它们可赋予观者以一种真正立体而真实的、3D电影式的北京新印象。

尤其是作为表征当代北京之精神文化不可转让之制高点的前沿艺术风景，亦即"艺术前沿：当代中国现代舞蹈、跨界景象、新媒体艺术、先锋电影与宏大叙事型艺术掠影"这个章节，毫无疑问，此乃全书之华彩所在。一个没有至高艺术风景与精神风景的城市与国度，无论其物质多么发达，都只能

是苍白而无根的，从而是令人悲哀的。在此方面，拥有如此精神资源的北京，应该说是骄傲无比的。这种精神资源不仅代表着当代中国的最高水平，而且也代表着当代世界的一流水平。同时，当代北京的这道精神风景，既涵括北京与整个华夏——其创造性人才来自于华夏各地——同时，还涵括相当程度之世界范围。譬如，本书在撷取大量的、人才来自全国各地的一流表演团体或机构之艺术节目、展览现场的同时，还撷取了世界各地来京交流的一流水准的艺术节与展览、展示。譬如，本章节中就选取有在京举办的国际音乐节上的代表作——瓦格纳的歌剧《唐豪塞》上演于天桥剧场之绚烂场景，还撷取有由中外艺术家联袂出演的、演出阵容在千人左右的马勒《千人交响曲》上演于保利剧院的辉煌场景。此举意在说明，当代北京已不再仅局限于作为当代中国之北京，而且也同时是在扮演着国际化之重要角色的当代世界之北京、拥有相当规模的世界元素之北京、作为国际大都市之北京、表征着当代世界前沿艺术风景之北京。

而若撇开实际的认知需要、参观需要和深层精神需求及人文关怀这些方面，单从纯视觉的欣赏层面而言，《新北京》这部人文画卷通过大量的、极具说服力的图片，也为海内外受众提供了一种具有自然风光和城市风光欣赏性质的艺术画廊，借此，人们可获得一种美的陶醉、精神的放松乃至升华。这套人文画卷中所同时具有的这种价值和功能，鲜明地体现在令人心醉的香山、植物园，如诗如画的未名湖，及白雪皑皑的八达岭长城，尤其是恍若梦境的箭扣长城这些章节之中。

倘若说《新北京（上部）》在很大程度上，是旨在引领世人熟悉和走进当代北京——亦即当代中国——之一处处新异的物理空间的话，那么，《新北京（下部）》则在前者的基础之上，还进一步帮助世人熟悉和步入这个时代的心灵空间与精神殿堂，从而在地理与历史、物理与心理、物质与文化、世俗与精神上，赋予世人与世界对当代北京以一种形神兼备、形散而神聚的印象与图景。

以上所述，可进而概括为如下几点：

其一，从内容构成和基本脉络上来讲，《新北京》这部人文画卷旨在在单位时间内让世人对当代北京能有一个较为全面的认知与读解，进而赋予当代北京以某种清明上河图似的、宽广无垠的时代印象。

其二，这套人文画卷主要从时尚（像北京新地标、当代美术馆与博物馆、前门与王府井、前卫咖啡馆与前沿书店、摇滚北京等）、前沿（像艺术前沿、舞蹈中国等）、中心（像天安门广场、北京大学等）、边缘（像宋庄、香山之民俗及劳作场景、箭扣长城、八达岭长城等）这四大层面切入并展开，试图包罗万象地来描绘当代北京，使之以纯视觉的画面语言这种无需翻译的直观形式，及时进入时代视野，进入全球视域。

其三，不可否认，这套人文画卷具有着很强的实用功能——特别是对于中外旅游界与文化界而言；同时，它还具有着无与伦比的艺术欣赏之功用，作品旨在使世人在单位时间内在对当代北京获得一种总体印象和心灵地图的同时，又能获得一种美的享受。就是说，这套人文画卷是一种熔人文地理与艺术欣赏为一炉的作品，后者在整个作品中所占比重毫不逊色于前者，对后者而言，这种旨在表达色彩、光影、时间与空间构成的纯艺术的东西，既源出于北京，又超越于其上，作品的这种理念可确保如下愿景之达成：即，在若干时间段（比如10年或20年）后，就算书中所表现的当代北京的印象慢慢变得模糊起来，而后者也会继续从纯艺术层面赋予本书以长久的价值（就像清明上河图之于当世之价值，并不在于或并不仅仅在于其忠实记录了当时的城市景观和民俗场景，而主要在于其所运用的高超的艺术技法和散点透视的、全景式的创造性表达的这种历史情形一样）。

作为某种试图打造的包罗万象之物，《新北京》这套人文画卷赋予世人之第一印象，不外乎它乃是一种大型的乃至是超大型的艺术画卷。这一总体特征又是跟当代北京这个昼夜都在不断激增着的超大型城市之客观现实相一致的。正因为作品所述说和表现的对象特别大，故此，有效把握其总体图景并进而传递出其内在实质与神韵的这种诉求，在实现

起来的难度也非常大，从而就连作为这套人文画卷之作者，本人在进行总体阐述和撰写前言之时，也都十分不易；但反过来讲，一旦这种极难达臻的愿景，由理念层面而化为了一种活生生的现实，那么，其结果必然将是令人心潮澎湃的。相信这套超大型画卷的问世，无论在人文地理层面，还是在艺术层面、历史文化层面、思想层面等所可能产生的作用与结果，将是不难想象的。

作者
2013 年 12 月

第 1 章

北京新地标：
798、CBD、国家大剧院与鸟巢及水立方之奇异图景
New Landmarks in Beijing:
798, CBD, NCPA, Birds' Nest & Water Cube

概 述

本章由时尚艺术区798（通称798）、中央商务区CBD、国家大剧院（NCPA）与鸟巢及水立方这四大颇具代表性的北京新地标所组构而成。

798

作为当代北京最具代表性的时尚艺术区及一大旅游热点，进入21世纪后的十多年以来，798一直在扮演着一种不可替代的地标角色。从一大片废弃的国营厂房崛起并带着特殊年代鲜赫的红色印痕的这片艺术区，798一直以来不仅是首都时尚界与各界艺术青年的新宠，而且也是诸多海外的文化与艺术机构在北京抢滩登陆的重要地点。2006年以后，它又化为了当代北京的一大热点旅游区。

从实存情形上而言，798主要由一系列大大小小的各色画廊连缀而成，夹杂在这些画廊中的，是一些咖啡馆、酒吧、书店、服饰店、餐厅、影楼等，此外还有一些专门用于演出交流的剧场空间。上述这些由高大的书写着红色标语的红砖厂房所改建而成的东西，构成了798的一大元素；另一大元素，则是诸多艺术家在厂区内利用原有厂房所改建的工作室，像苍鑫、黄锐、王朝、崔健、刘索拉等，曾先后都在此开设有自己的工作室。

从功能上来讲，除了艺术品的展示、交流、交易与销售外，798的另一大功能，是艺术节及诸多活动的举办，像CCTV、BTV及诸多海外媒体，都曾在此举办过很多活动。正因为从一开始，798就是一个洋气十足之地——它由带着鲜明包豪斯色彩的建筑及各色洋人汇成的人流所涂绘而成，有些类似于某种程度的1949年之前的上海租界，故此，从数年前，其艺术的功能在很大程度上又渐渐为新兴旅游区的功能所取代。而今，几乎每天，特别是每个周末，拍照留念、婚纱摄影，一跃又成了798的一道最抢眼的崭新风景，这毫不奇怪。诚如前面所定位的那样，798自始至终乃为当代北京的一个时尚艺术区，或艺术商业区（或商业艺术区），

在这里鲜有严格意义上的艺术的存在，虽然它一直带有某种后殖民主义之特色的烙印，然而，这一先天缺陷，却又并不能抹煞它的作为当代北京一大新地标景观的存在意义。简言之，作为某种意义上的当代北京四大新地标之一，处在往昔北京东郊的798，就是由昼夜不断在翻新着的各种稀奇古怪、五花八门的东西所拼凑而成的，它是诸多存在的一种大面积的涂鸦，某种意义上，它也是这个缺乏深度的平面化的时代的映证；而另一方面，它的某种蒙太奇式的存在，与它的某种纽约式的斑斓驳彩，又是衡量一个时代是否开明、是否包容、是否自信的显著表征所在。

本节的拍摄历时长达两年，既有冬日白雪皑皑、浓烟滚滚的景象，也有其他时节及一些活动的诸多情景，虽然有大量的海内外人士在此耳闻目睹并拍摄过大量东西，但本章从摄影艺术的角度及独特的文化视角所拍摄的一系列生动画面，对这片带有包豪斯建筑风格的新地标而言，还是不可复制的。

CBD

处在北京东三环一带并以国贸为中心的中央商务区CBD，而今俨然就是现代北京、财富北京的一大鲜明表征。这里不仅是象征现代步伐的北京高层建筑最为集中、最为稠密之地，而且也是致力于打造的当代中国的地标性建筑——CCTV（中国中央电视台，后同，不再注出）新址的坐落之地。缘此，它不仅成了诸多国际驻华商务机构、跨国公司驻华的首选之地，而且也成了北京五星饭店最为集中的扎堆之地。此外，它还是中国最为权威的两大电视台——中央电视台与北京电视台的新选之家。在这个寸土寸金的地方，人们最为膜拜和推崇的东西，有且仅有一种，那就是财富。各种力量、各种势力、各种机构，就是怀揣着财富之梦而云集于此的。某种意义上,它就是当今中国的华尔街。在这里，你休想看到和体味到老北京一丝一毫的踪影（它没有一条胡同、一座牌楼、一个四合院），它是个城

市化、现代化与全球化的典型产物，这个光鲜亮丽的产物跟中国古代文化没有半点关联。尽管如此，这个光鲜而又冰冷的产物却昼夜在散发着诱人的光芒与磁力！虽然较之上海外滩，从面貌和外观上来讲，这片风水宝地还有些"土气"，甚至还有些不土不洋，但它所聚集的财富，所散发的纯物质意义上的能量与力量，却是难以想象的。

如果说，象征着某种不可遏制之膨胀欲望的、欲与天公试比高的CBD，在实际高度上还有些夸大其词的话，那么，较之极目可眺望到的拥有五百九十多载的以天安门为中心的古建筑群之高度而言，它的高度和规模还是颇能令人心花怒放的。当然，作为当代北京的一大地标，并拥有标志性建筑（耗资多达百亿元人民币的CCTV新大厦）的CBD，不仅拥有着光鲜亮丽、闪闪发光、财富滚滚之一面，同时也拥有着雾霾弥漫、交通拥堵而令人抑郁、惶惑之另一面，这仿佛成了CBD的一枚硬币之两面。惟其如此，本章内容真实而不加掩饰地记录和再现了CBD这两面实存情形。作为现代化车轮之表征的北京CBD，一方面，它是令人怦然心动的；另一方面，在心动之余，它也是需要为之深刻反思的，此乃本节所欲集中传达之意涵。

国家大剧院

就地标性建筑而言，作为北京三大标志性建筑之一，国家大剧院虽然当初在设计和打造过程中曾引起过世界建筑史上史无前例的争议和批评，但几乎处在首都正中心的它，却又日益在扮演着一种地标风景的时代角色，这却是一个不争的事实。这座耗资逾30亿元人民币的蛋形水上建筑，由法国人保罗·安德鲁所设计。它地处人民大会堂西侧、长安街南侧，由一个幻想中的蛋形体和环绕在其周围的一片人工水域所组构而成。内部的最主要的三个演出场所——歌剧院、音乐厅与戏剧场，就统一被笼罩在外部扣着的那个巨大"蛋壳"或"锅盖"之下，海内外人士前来观看演出或慕名参观，都需先行从地面（即长安街的地平面）沿着漫长的台阶走入地下，而后再需要像鱼一样地钻过80米长的水下长廊，才能到达这座建筑的主体部分。继而，再

通过一层层七拐八拐的电梯与曲线路径，才能最终到达各个欲去的剧场空间。由大片的钛合金玻璃与超白玻璃镶嵌而成的国家大剧院之"蛋体"外观，远观的确光彩熠熠，80米水下长廊尽头巨大空间面积所构成的环形大厅，也的确奢华而气派，然而，作为整个大剧院的核心所在，即三大剧场的空间内里，从许多方面来讲却都是简陋而有失品位的，同时又是匮乏理性与科学考量的。惟其如此，大剧院毋宁说是一种华而不实的建筑，而这种缺憾跟只注重表象而对存在本质缺乏足够关注的我们的思维习惯与文化传统又是密不可分的。

虽然缺憾多多，但造价昂贵又处在京城中心位置因而享有着得天独厚之优势并进而拥有着高密度的演出场次和可观的人气指数的国家大剧院，作为当代北京乃至举国的一大被寄望的地标风景之意义，却是不言而喻的。另外，它所具有的多功能演出的存在价值与意义，也是目前举国其他任何地方都无法替代的。缘此，这座在建筑理念层面与艺术的形而上精神恰相冲突的、主体结构深埋于地下的建筑，却又几乎日日游人如织，同时它还是当今中国在正规演出之余，举办诸多艺术普及活动最为集中的地方。这些及它在近些年来在节目制作与中外合作交流上的不小努力及付出，都在极力强化和提升着它所希望扮演的时代地标风景之印象。当然，由于条件所限和东方情感之支配，本节主要着墨和彰显的，是国家大剧院光彩熠熠之一面，相信读者自会有自己的评判，希望大剧院能够扬长避短，通过不懈努力，而最终化为它所希望成为的时代风景。

鸟巢与水立方

作为在北京举办的第二十九届奥运会所催生的产物，鸟巢与水立方这两座建筑自落成之日起，便一直受到国际大众的持续关注。而今，这种关注热度仍在继续增加着，特别是对于国内的普通老百姓与旅游大军而言，而今来北京旅游，若不去逛一逛鸟巢，仿佛就是一大缺憾。基于公众的持续关注与旅游大军的游览热情，本书内容将鸟巢与水立方这两者列入了北京新地标之中，并在后面对之予以了简要的画面撷取与文化评析。

3

红、白、灰：
印象 798 ①
——红色年代与大工业时代的历史投影

① 作为当下京城极具代表性的文化风景与时尚文化旅游区，赫赫有名的 798 艺术区，也常常用 798 这三个阿拉伯数字来指代。追溯起来，闻名遐迩的 798，曾脱胎于 718 联合厂，718 联合厂建成于 1957 年，它是当时国家的重点建设项目之一。带有一定包豪斯建筑风格的 718 联合厂，曾由东德工程技术人员来华援建，该厂主要生产电子元件，建成后的厂区规模之大，即使在当时的东德都少之又少。798 与当代艺术的关系，最早可追溯到 1995 年中央美院与它的第一次联姻。当代艺术与它正式开始联姻，则是在世纪之交，即 2001 年。是年，在所发生的几个标志性的历史事件中，现代音乐家与作家刘索拉将工作室迁入该区，以及作为中国通的美国人罗伯特在该区开的第一家艺术书店——现代书店，算是其中不容忽视的两个。此后，诸多艺术家纷纷迁入该区，直至在 2003 年一跃而形成了它的黄金期，是年，标志性事件，同时也是 798 历史上的几个重大标志性事件之一，就是由众多拥有国际知名度的中日诗人、行为艺术家、评论家用激情和激越状态所演绎和诠释的一次综合艺术活动——《越界语言 2003》。尔后，798 的规模与面积越来越大，至今仍在进一步扩充着。作为一种滚雪球式的商业时代现象，与某种意义的后殖民主义语境中的特殊产物，798 已成为一个令人难以置信、难以明确界定的世界性现象；但作为一种严格意义上的文化现象与艺术现象，它早已终结。换言之，而今的 798 主要是以商业现象与媒体炒作而昭示自身的。尽管如此，这并不等于说它的许多存在情形是不值得关注的，至少，它作为红色年代与大工业时代的历史投影及某种历史博物馆的意义与价值，却是无可争议的。

老字号式的存在场景——时态空间

　　由于空间面积较大、形成较早，时态空间一直是 798 这些年以来举办各类活动最为密集的地方之一。

北大学者朱青生亦曾在798举办过一次主题为"漆山"的艺术个展。

　　798是当代京城最具代表性的两大艺术区[①]之一——798艺术区的简称或通称。最初，它曾落户、根植于一个叫做798厂的工业厂区，而今，它大致仍以此为家园，且还在昼夜不停地蔓延和扩充着。脱胎于718联合厂的798厂，最早是地处京城东郊大山子一带的一大片烟囱林立的国营工厂，厂区厂房在20世纪之冷战时期由来自东德的工程师所设计，因而带着特有的冰冷理性、另类而前卫的风格。据央视的一个关于798的电视节目所援引的一则资料透露，当时投建整个798厂的经济成本，甚至超过了投建南京长江大桥的经济成本，可见其整个厂区建设与地位在火红年代所占的分量之重。随着社会的转型，20世纪八九十年代，大批国有企业纷纷

亏损、停产、甚至破产，整个798厂是这种历史背景中的一个代表。20世纪末，由于整个企业日益不景气，致使798厂大片厂房出现了空置与闲置状态。

　　2000年前后，有一些民间艺术家，像黄锐等人率先发现了此"风水宝地"——因不少闲置厂房空旷庞大，可以作为艺术家的工作室之用，于是便前来与厂方洽谈租房事宜，并意外地取得了许可。此现象一发不可收拾，引来了一大批艺术家都纷纷落户于此，纷纷在此租下厂房，经改装后以作为自己的工作室之用。此现象在2002年—2003年初之时，达到高潮。

　　2003年春季，扎堆图存而初具规模的798艺术区，成了闻名京城的第一艺术区，并成功地举办了自己的诸多甚至具有些许国际化色彩的艺术活动，因此而吸引了大批海内外媒体与时尚男女的注意。人们成批成批地蜂拥而至前来看热闹、赶时髦。

---

　　① 当代北京两大艺术区，一是指798艺术区，二是指宋庄艺术区。

ERLING RUBY
AMPIRE
特林·鲁比 吸血鬼
2011.9.24 - 11.05

特殊年代·特殊表情

在这些活动中，以王朝的前卫工作室所举办的影像、摇滚与《纯粹》一书的首发交流会，以及东京国际画廊所举办的日中诗歌与行为艺术的现场交流活动——《越界语言2003》而著称。活动中，王朝以其工作室前卫无比的空间理念，及所设计的《纯粹》一书，招来了当时京城所能招来的几乎所有艺术家，而东京国际画廊所举办的日中诗歌与行为交流现场活动，也成功邀请来了日本最有才华的现代诗人吉曾刚造，及中国最出名的几位诗人像食指、西川与评论家唐晓渡等人的参与，行为方面，较具代表性的，则是深埋于土坑中的苍鑫所做的《舔》这场现场表演。

如果说，现今阶段因798遗憾地沦为了大众、媒体及西方瞧热闹者之赶时髦之地与时尚旅游地，因而是798的黑铁期的话，那么，2003年则是798的黄金期。当时的798较之今天要单纯而朴素得多，而今天的798则是有众多的利益、众多的玩家、众多的势力一起参与其中，各种利益、玩家与势力组结在一起、捆绑在一起，并博弈不断，因而很难从单一视角、单一原则对其进行有效观察并做出评判。虽然后来有刘索拉、黄铭哲等人纷纷在此设立了自己的工作室，尤伦斯夫妇在此创立了艺术中心，耐克品牌也一度在此开设了花样不断翻新的耐克体验馆，曾旅居巴黎的画商程昕东在此开设了当代国际画廊等等，798也由先前的画家、行为艺术家的工作室及画商所开的画廊，而逐渐演变成了后来的集美术工作室、画廊、影像、书店、舞蹈表演与摇滚演出等于一体的综合性艺术区，特别是在2007年

冰冷几何之诉说

有关部门还在此投资一个亿，用于基础改建。但总体上而言，当今的 798 则是一个诱人而炫惑的泡沫，是商业与时尚媒体所炒作的典型产物，是一个通俗时尚艺术区，除极个别例外，它与真正的、严格意义上的透视时代、引领时代、反思时代、作用时代、预言未来的艺术几乎不存在任何关联。缘此，它的几乎一切情形都常常令人啼笑皆非；当然，啼笑皆非也可能正是 798 被赋予的主要功能所在与存在意义所在。

虽然如此，798 的名气之大，及它在当代国际范围的通俗语境所引起的反响之大，却是当今举国其他艺术区都难以企及的。之所以如此，也许最主要的原因乃在于，798 作为特殊年代的符号与某种原生态存在之意义所使然，而这种特殊年代——即

中国的六七十年代在当时世界范围，特别是在法国、美国、英国、前联邦德国、意大利与日本等国所烙下的异常鲜赫夺目的时代印象是如此之强烈，以至于至今都挥之难去。那时，不少国家，上至一流学者（像萨特等）、著名电影导演（像戈达尔等）、一流政要（像基辛格、尼克松、切·格瓦拉等），下至普通大众，大都对东方这个特殊的、激情而令人眼花缭乱的时代，充满了浓厚的兴趣和巨大的好奇，还有不少人对之甚至产生了令人不可思议的崇拜之情。整个 60 年代是 20 世纪世界范围内最为革命性的一个年代，当时，卷入革命浪潮与洪流的人数之多是史无前例的，突出的例证分别为：在法国是 1968 年爆发于首都巴黎的"五月风暴"；在美国是摇滚乐、嬉皮士运动、性解放、民权运动与反

时间与生成

而今，798 业已化为了京城的一大时尚之地、时髦之地与旅游纪念"圣地"。

战示威游行。作为特殊历史年代的见证者，作为历史的某种博物馆，798 便自然地成了西方媒体、好事者、赶时髦者及芸芸众生们常来光顾的充满某种原生态意味的时髦场所。笔者此前就在 798 目睹到一位十二三岁的西方金发女孩头戴挂着红五星与红领章的草绿军帽、衣着草绿军装而自感时髦无比的一幕真情实景。

撇开上述那些作为某种历史博物馆与时代见证者的特殊意义，就现当代艺术来讲，798 的艺术景象与艺术概念就总体而言可谓一片沙漠，不足为

论。然而，这并不等于说 798 就没有令人心动的看点与景观，其最大的看点与景观之一，也许莫过于在红色年代的红色语录映衬中的、在观众头顶上空纵横交错地穿梭并冒着缕缕蒸汽的无尽金属管道。这些充满鲜明几何感的、无尽的金属管道，的确透着一种强烈的重金属摇滚般的效应，它们不是创造，却胜似创造，其现代美感直逼法国巴黎的奇形怪状的蓬皮杜艺术中心。

第二处看点与景观，是一处在特殊年代建成的从几十米的高楼顶层的管道中所昼夜不息地喷发出

11

存在与虚无

距798东门内里约500米处的这处冬天终日喷射着滚滚浓烟的原生态工业画面，成了整个798艺术区最具代表性的景观之一。其特殊景象，既是工业时代的典型写照，又在体现着某种幻梦的同时，还显示着某种莫名的虚无。从更直观的心灵印象上来讲，它既表征着某种壮观而酣漫的生机，又同时仿佛在昭示着某种梦魇景象乃至幻灭图景。令人不可思议的是，体现了一系列重要特质与多层意涵的此幕景象，却不是某个艺术家刻意为之的人生杰作，而是大工业时代无意之间所流露出的某种冷峻表情的历史产物。

的一股股巨大的、变幻不息的蒸汽所形成的特殊景象。此幕景象是如此的奇异，以至于使整个798的几乎其他一切艺术展览与表演都相形见绌。此幕景象，既带着大工业时代的鲜赫表征，又透着抽象表现主义的夸张意味；既是某种蛮力的象征，又带着某种灰色的语言神情；既是高度写实的一种赤裸景象，又是高度虚拟的一种泼墨场景；既充满了宽银幕般的一种强烈的视觉冲击，又笼罩着一层浓重而令人沉思穆想的梦魇般的色彩图景。故此，此景观每每令人浮想联翩而流连忘返！

第三处看点与景观，则为751火车站，在那里，静滞于宽阔轨道上的、通体漆成黑色的巨大老式蒸汽机车，既是一个典型时代的典型产物与见证，又是一种在一瞬间穿越时间的空间铭写，同时还折射着一种未来派的表情。总之，这处极具电影画面感的景观，以其凝固的历史语言，赋予了798一种十分难得的时代容颜。

赫赫有名的798，即主要由上述的三大自然及历史景观，并由各式各样的画廊、咖啡馆、酒吧、餐馆、书店及艺术中心等机构所构成的当代景观这两道风景所组构而成。

那么，什么才是真正的798呢？什么才是你所希望的798呢？什么才是时代所赋予的798呢？什么才是层层迷雾之后的798呢？相信书中的这些信手拈来的图片资料，也许能够有助于诸君的判断，也许对丰富、加深你对798的心灵印象，会有所裨益。

798的理性而又合乎公益的到达方式是：乘坐地铁10号线在亮马桥站下车，而后换乘开往大山子的402路等诸多公交汽车；或乘坐地铁2号线在东直门站下车，而后换乘开往大山子的多路公交车，在大山子站或大山子路口东站下车即到。

工业·时代·冥想

　　在工业化的景观中，除纵横交错、循环往复的粗大管道，及耸入云天的烟囱，特别是具有多重信息与意象的烟雾喷射的大面积图景这些景观以外，就是 751 车站了。在此，高大无比的老式蒸汽机火车头、兔脱的铁轨、厚实的枕木及沙砾、全封闭的火车车厢、楼级火车站与小广场，以及通体黑色的全金属扭曲铁塔，所有这一切，在这个以磁悬浮与高铁为标志的时代，令人的意识瞬间便能闪回到上个时代——一个车轮滚滚、人定胜天的时代。这处较为原生态的动人景观，的确不失为 798 艺术区的一大热门看点。它　　的确在瞬间便能够令人们产生关于历史与时代、东方与西方、现代性与人性、大机器与宏大叙事、动态与静态、车轮与轮回、原生态与　　　　　　艺术、时间与空间等层面与维度的多重反思与联想。而从空间布局与地缘上来讲，此处极具重量感与震撼性的景观，使得　　　　　　整个 798 艺术区的左右两端得以有效平衡，从而赋予了该区在地理空间、气场与心理感知上以一种难得的平衡感、稳恒性　　与对称性。

13

重金属语言的心灵幽歌

钢铁年代的心灵回声

距 798 东门内里约 50 米处的这处室外现代雕塑，曾是 798 艺术区为数不多的几个最主要的景观之一，无论在材质的运用上，还是在观念上，抑或是在思想上，都体现出了较为彻底的不妥协的精神。这组群雕作品在整个 798 艺术区显得鹤立鸡群，体现着鲜明的颠覆与批判倾向，令人刮目相看。

灰色屠戮幻象
沉沦窒息苍茫
死寂诉累浮影
语境肢解癫狂
拒绝是一种碎梦的打捞
赤裸是一种炼狱的绝唱

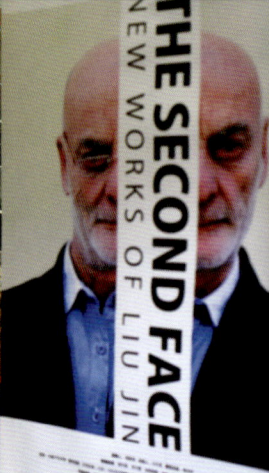

东八时区书店是具有汉学家身份的美国人罗伯特所开设的一家极具代表性的艺术书店，就艺术画册而言，它在京城几乎是最为齐全的，书店内还另设有咖啡馆，常举办各类影像及新书首发活动。作为 798 的一道地标风景，此书店在存在了十载之后，现已搬向他方。

罐子书屋是 798 的另一家较有影响的书店，书店书柜以一丈左右的令人生畏的高度，于无形中营造了一种"书道之难，难于上青天"的精神图景与凝重氛围。该书屋除销售艺术类画册与图书以外，偶尔还举办一些摄影展等活动。总之，作为后起之秀，罐子书屋与作为元老的东八时区书店、时态空间书店一道，在丰富着 798 的构成元素，加深着 798 的文化色调。

798 不仅是一个充满新鲜戏剧情绪的地方，同时也是一个四季分明的地方。那么，飞雪之中的 798 又是怎样一种难得的景观与风情呢？

时态空间于 2009 年末所举办的这次基督教综合艺术展（由绘画、装置、雕塑、原生态合唱及其他众多形式所组成），是多年以来该艺术空间所举办的水平最高的一次展览，此展赋予了 798 以不可多得的精神分量与思想深度，并预示着 798 的某种转机。

尤伦斯艺术中心不仅醉心于做各种画展、图片展、影展、装置展与研讨会等，偶尔也还进行现代舞演出，以强化自己所致力于扮演的高度综合的艺术中心的这一角色。图为该中心于 2010 年 3 月邀请北京当代芭蕾舞团所进行的标题为《地图》的现场表演瞬间。虽然表演现场的整个空间感觉与四周墙壁上的一切，对人的忍耐精神是一种严峻的考验，但该中心勇于尝试各种新时尚与新形式的热情，却又是值得充分肯定的。

创意广场是 798 近几年来开辟的一个崭新区域，在举办的众多活动中，2009 年秋，由赵树林等人所策划的"傅新民艺术大展"是最具冲击力的一次，此展甚至宣告了 798 的一次艺术革命。

雪人与雪球为 798 平添一种童话的色彩与运动的景致。

"狼群战术"之现身

红色年代的红色烙印，与信仰时代的精神和声，在一瞬间奇幻共鸣而烛亮视界。

中央商务区（CBD）之亮丽图景

语言·表情·神情

　　在空间区域上，大致以国贸和央视大楼为中心及主要标志的首都CBD，既表征着一种现代化与全球化之图景，又是一种财富、地位与权力的显呈和象征。它是首都摩天大厦最为稠密的区域，这个光彩熠熠、灯火辉煌的地方，昼夜都在传递着一种特殊的表情。而其最直观的视觉语言，则又是一种较为纯粹、较为冰冷的几何语言。图为首都CBD之一隅，处于画面右侧核心位置的，就是由荷兰人库哈斯所设计的较具后现代色彩的央视总部大楼。处于画面左侧核心位置的，则是新落成的京城第一高——国贸三期。

几何语言的交织

　　确切说来，首都 CBD 是指东至西大望路、南起通惠河、西起东大桥路、北至亮马河地区的一大片新兴区域。这片摩天大厦鳞次栉比的区域，汇聚了摩托罗拉、惠普、三星、德意志银行等众多世界 500 强企业驻中国总部机构，同时它也是众多金融、保险、地产、网络等高端企业所在地。目前，CBD 的最高建筑，是高达 330 米的北京最高楼——中国国际贸易中心第三期，这座直刺苍穹的银灰色建筑，甚至从遥远的香山，都能眺望到其身影。除这个当今世界最大的国际贸易中心之外，国贸大厦、CCTV、银泰中心、京广中心、中服大厦、现代城、德意志银行等高层建筑，也都是这一区域较具标志性的建筑。

　　CBD 一词，是 Central Business District 的缩写，既可译作"商务中心区"，亦可译作"中央商务区"。其最早出现地，是 20 世纪 20 年代的美国，国际上较有代表性的 CBD 大致有：纽约的曼哈顿、巴黎的拉德芳斯、东京的新宿、香港的中环等。CBD 通常也是现代化国际大都市的重要表征。不久的将来，北京的 CBD 将由一个核心区、一个辐射区、一个混合区组成。目前，CBD 正由建国门外大街与东三环路两条大街所交织而成的"金十字"所紧紧连接为一体。CBD 不仅是金融机构的荟萃之地，且也常常表征着某种前沿风景。另外，CBD 在税收方面也遥遥领先，资料显示，截止到 2009 年，首都 CBD 税收过亿的楼宇达 22 座，"整个区域每平方公里

刚刚落成的国贸三期，在描绘着京城的新地标风景。

五星饭店内的一切恰似一个巨大的磁场，昼夜散发着一种难以抵挡的磁场效应。

创造的税收是全市平均水平的 45 倍"。时下，虽然许多城市也都有 CBD，一些城市的 CBD 的面积甚至大得惊人，但北京的 CBD 所享有的天时、地利等方面的优势，显然是其他任何地方都难以比肩的。

当然，CBD 也并非全都是光鲜亮丽的，它在拥有上述令人心动之景象的同时，突出问题之一，便是它的交通拥堵问题。这些年来，无论是地上，还是地下，交通拥堵问题一直未能有效解决，且呈现着愈演愈烈之势。问题之二，是这里经常遭遇的空气污染问题，重度污染之时，闪闪发光的 CBD 常常又被置换成了另一种面孔与表情，有时简直就像悬浮在雾霾中的一种失重的抽象水墨。

CBD 的理性而又合乎公益的到达方式是：乘坐地铁 1 号线，或地铁 10 号线在国贸站或在与其相邻不远的其他站（如永安里、大望路、金台夕照、呼家楼等）下车，出站即到。

竞相攀比楼高、竞相炫耀，成了 CBD 的一大流行风潮。

命名与意涵

　　平心而论，《环球时报》与《参考消息》等许多主流媒体常常将这座地标性建筑称为"大裤衩"的这种称谓，虽然亲切而顺口，然而却是不太恰当的，因为它的确不太像一个大裤衩，而且其视觉冲击的确不容小觑。此建筑的一大特质，是在各个方向几乎都能让人感受到一种冲击与张力，只是这种冲击力度与张力感还不是足够强大，如果建筑再高大一些，在造型上再失衡一些、彻底一些——如悉尼歌剧院那样——就更吻合时代要求了。

挑战与实验

　　CCTV 新址总部大楼，也许是当下京城乃至举国在造型上最具挑战性、在表层材质上最富实验色彩的高层建筑，惟其如此，其设计才备受争议。但不管怎样，它的标新立异之举，对一种拥有古老历史因而拥有强大惯性的文化语境来讲，还是有其应有的价值与意义的。

　　簇拥在京广大厦周身的一座座崭新建筑，与京广大厦一道在强化着一种闪闪发光、耀眼夺目的当代特质。

彻夜不眠的 CBD

　　一年到头，CBD 之夜就是由一个个不眠之夜连缀而成的，从空中鸟瞰的话，它一向是北京夜晚最为鲜亮的一个区域。

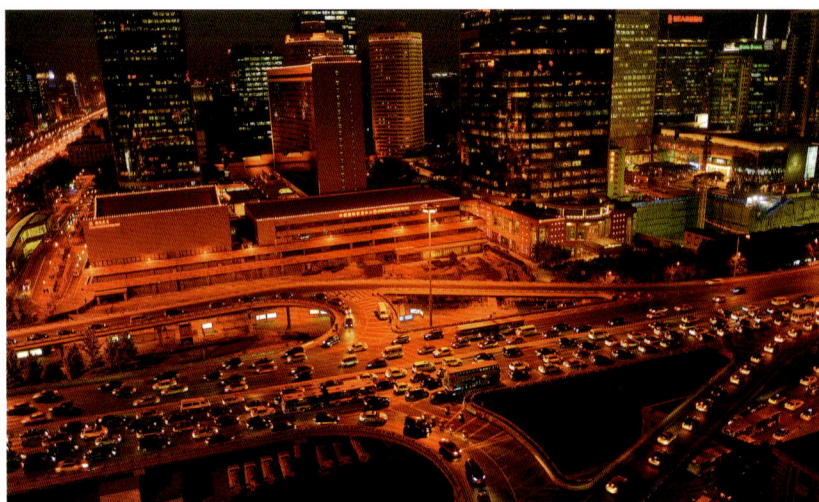

无尽长龙：城市化浪潮的心灵投射

　　CBD 既是速度与激情、广厦与立交桥的一种象征，同时，它也是空间拥挤、交通堵塞的一种象征，特别是在每日下午的下班高峰之时的地面，与每日早高峰和晚高峰之时的地铁，前者的拥堵景象完全可用静滞不动的、一眼望不到头的长龙来形容，后者的拥挤与紧张境况则直逼春节之后各大火车站的返城高峰。作为财富之梦与现代图景的展示窗口，CBD 如何缓解日甚一日的交通压力，如何使其速度与激情不再受到自身空间的掣肘，已成了摆在 CBD 面前的一个极为严峻的命题。本处所摄取的画面，即为在下班高峰至薄暮时分从高层建筑所鸟瞰到的景象。

雾霾重重：CBD 之另一表情

光彩亮丽之另一面

国家大剧院之
内外光影

Light and Shade Inside and Outside National Center for Performing Arts

薄暮时分，国家大剧院宛如漂浮着的一个巨蛋，或是一艘徐徐降临于地球的外太空神异飞船！其时，常常是观赏其姿影、产生艺术联想的最佳时刻。

作为首都的一大地标性建筑、地标性景观，坐落在长安街南侧、人民大会堂西侧的国家大剧院（National Center for Performing Arts），而今俨然已成了京城的一大演出城，几乎每天晚上都在不同的表演空间同时上演着多台中外节目。就同时能够在同一个大的空间单位中上演多台节目的这一综合性功能而言，国家大剧院目前在京城乃至在举国都是独一无二的，这一高度综合性的功能，成了它最主要的特色与价值所在。

国家大剧院设有如下四个演出空间，分别为：歌剧院、音乐厅、戏剧场和小剧场。作为一个国家级的表演场所和致力于打造的地标性建筑，除了大型音乐舞蹈史诗，大型景观歌剧、音乐剧与舞蹈剧这些演出形式以外，它几乎可以上演各种类型、各

种风格的中外节目。大剧院的"大"，主要指的是由多个不同的演出空间及休息、休闲与展览等空间加起来的综合之大，而并非指的是单独某一空间的大。就单独某一空间，比如就其最大的歌剧院这一空间而言，大剧院并不算大，它甚至还不及一些影剧院大，因为大剧院的总体结构是一种在一个大的穹顶所笼罩下的由数个表演空间构成的集合体。这一设计理念使得每个表演空间都不可能太大，否则，便会破壳而出。虽然如此，大剧院的综合功能及某些硬件指标，据称已达到了世界的一流水平，这成了它通常最引以为傲的东西。当然，众所周知，大剧院在具有着高度综合性及某些硬件设施的一流性这两个特色的同时，也显然存在有诸多缺憾和不足之处。

反射与重构

首先，大剧院两个大剧场——歌剧院与音乐厅——的舞台台口有些狭窄，以致不能胜任大型音乐舞蹈史诗或大型景观歌剧与乐剧的演出，像在工人体育场曾经上演过的规模宏大的威尔第的景观歌剧《阿依达》，以及像在人民大会堂所上演过的音乐舞蹈史诗《东方红》，或在鸟巢上演过的《鸟巢·吸引》视听盛宴等作品，就绝对无法在大剧院上演。其次，由于剧院内部空间的纵向深度与横向宽度在设计上比例失调，致使观众所感受到的剧场空间无法达到一种较为科学而舒适的视野。再次，观众席位的座排（特别是三楼以上的座排）所处的地势过于陡峭，以至于让人无法获得一种基本的安全感。科学研究证明，观众席最高一排的视点，若与舞台或体育场馆中央平台之中心点所形成的视角超过35°夹角，那么，置身于此高度以上的观众就会感到眩晕、不安全。大剧院最高座排与舞台中央的视线夹角，则要远远大于这一临界值，因而，它违反了最基本的剧院或体育场馆的设计常识，致使处在歌剧院最上几排的观众，常有一种置身于悬崖峭壁之感！第四，座排与座排之间的距离太过拥挤，以致让人的腿脚无法放松地伸展开来，致使每一排观众的膝盖大都只好紧顶着前一排观众席的靠背。

以上，是就具体剧场空间所存在的明显缺憾而言的。在大一些的尺度上，大剧院的明显不足是，由于主体建筑深埋于地下（最深处达32.5米，是目前北京公共建筑最深的地下工程，它在地平线以下的深度比它在地平线以上的高度还略大一些），而地平线以上又被近乎半圆的穹顶所全部环裹和笼罩，从而显得十分封闭、不通透，并使气息的流畅遭遇人为的瓶颈。当然，更为根本性的缺憾是，其设计者——保罗·安德鲁将大部分空间深埋于地下，致使人们一进剧院这座艺术圣殿，就首先必须得下行的这种非理性做法，与一个国家的精神殿堂和艺术殿堂所应被赋予的形而上精神，及令人心灵飞升的精神空间与艺术空间的深层功能格格不入。此外，由于大剧院内部的基本空间构成与线路多为圆弧形，电梯路径又呈"之"字交叉形，致使公共空间所应有的明确方向感，受到了最大限度的削弱。鉴于演出旺季每个演出夜晚大都拥有六七千人（含 5000 人左右的观众与 2000 人左右的演职人员与工作人员）前来大剧院，如此之多的人置身在大剧院方向感不明晰的、近乎于迷宫似的各个空间之中，安全问题显然不容乐观。因为一旦由于突发情况需要将数千人从高低不同、错综复杂的各个空间中紧急疏散，其难度之大不言而喻。总之，所有这些问题——外观审美问题、实际功能问题、剧场内部的设计缺憾问题、艺术殿堂的理念定位问题与安全问题等——都使得大剧院备受争议，它在招标和建筑过程中曾受到了大量的中外学者、专家与媒体的批评，其批评范围之广、程度之甚、层面之多、批评人数之众，在中外建筑史上都是少有的。

缘此，大剧院有时也被视作是一个"浮躁年代

内与外

室内艺术节目表演与欣赏

远景鸟瞰与落日时分

南侧姿影

的'北京胎记'"与特殊印迹。对此，曾经一度有各大媒体，及近来所出版的业已引起了全社会广泛关注的《北京——一个建筑哲学消失的城市》、《史上最具争议的建筑》及《采访本上的城市》等书，从善意的、建设性的角度对大剧院给予了诸多批评和反思。这些批评和反思，可以让我们对这座造价比美国的林肯中心还昂贵 4 倍的建筑，获得一种多角度的认知。当然，以上仅为问题的一个方面。鉴于大剧院业已成了一种现实存在、一种既成事实，眼下要紧的问题是：如何对其上述缺憾加以科学改进和美化的问题，比如安全通道是否应加以强化和警示？地势陡峭的座排，是否考虑应去掉座位而改为剧院装饰？过于复杂而缺乏明确方位感的、迷

宫似楼层间的电梯通道与路径，是否应考虑去繁就简？ 80 米长的水下长廊鉴于其极端匮乏基本的审美品位，是否应考虑将其改首换颜（比如可将之改为艺术画廊或某种时空隧道）？就总体印象而言，大剧院巨蛋形外观由于在更多时候缺乏漂浮在湖泊中之巨蛋的审美意象，是否可考虑将其过于现代化的、刺目耀眼的钛金属板（18000 多块）和超白玻璃（51000 多块）的外壳材质，大胆换颜为海滩贝壳样的材质，以加强其水中之蛋（碧波荡漾的洁白之蛋）的诗意效应与审美意象？凡此种种，也许都是值得我们急切考虑的问题，因为它涉及了一个国家的审美观的问题、一个时代的地标性风景的问题，进而，涉及了一个国家的精神形象与国际认同的问

31

特殊景象

题。在一个东西业已化为既成事实而不能更易之时，那么，科学而又理性的做法，便是如何去竭尽所能地改善之、重组之、美化之、完善之，以使其奇迹般地幻化为一个世人真正想要的东西，这才是一种建设性的、负责任的做法；而假如我们对既成事实所存在的诸多缺憾要么听之任之、视而不见，要么一味指责、牢骚下去而不拿出任何建设性的解决方略的话，这都是于事无补的，甚至是于国于民有害而无益的。最后，愿在我们的不懈努力之下，最终使大剧院能够化为一种真正的湖中之蛋（而不是湖中之"锅盖"、湖中之"铁蛋"等）的诗意形影，进而使其化为一种真正能够引以为傲的时代风景与精神图景。

以上，是就大剧院的诸多先天缺憾和问题所进行的简析，并进而建设性地提出的一些建议。也

可能正因为大剧院深切意识到了自己存在着诸多缺憾，故此，它才在近来竭尽所能地以实际行动来改变着此前世人对它的不良印象，实践证明，其不少做法与努力显然是颇为有益的。首先，大剧院这些年来不遗余力地推出了一些节目精品，像《美国当代芭蕾舞集锦》、《堂吉诃德》（美）、《茶花女》（德）等精品节目的成功推出，即为明证。其次，它还致力于打造自己的品牌节目，以将其推向国际，原创史诗京剧《赤壁》及《西施》，以及主要由本土力量所打造的世界歌剧名作《漂泊的荷兰人》与《女武神》这几个重量级舞台作品，就是这种诉求的集中表现。再次，它在票价上进行了调整，将主要票价稳定在 300 元 ~ 500 元之间，最贵的票价设定为 2008 元。无论就国民消费水平来讲，还是就世界总体情形来讲，显然这种票价定位还是太过昂

空间语境

贵，其结果势必还是会将大批的艺术赤子关闭在大门之外。但它在变，其不断变更的结果，显然是在朝着人性化的可喜一面迈进（关于票价过高的问题，建议大剧院可不妨以申请国家补贴加寻找企业赞助的方式，来收回建设成本及用于表演团体的劳务支出，而不能一味通过高票价来实现经济诉求）。第四，它还大胆特邀陈佐湟这样的名家做它的音乐艺术总监，并邀请欧建平这样的行家做它的舞台艺术顾问。诸如此类的做法，显然是在朝着专业化努力的一种表现。第五、较之刚开业，其服务水准与态度也显然有所改善和提高。第六，与先前不同，其顶层的成果展近来大胆向民众开放，这一做法让人感到它开始变得日益亲民了，因为其顶层的成果展中，含有一些当今世界音乐大家惠赐给大剧院的珍贵"礼物"，如祖宾·梅塔等人的手模等，这种较

为珍稀的藏品及其他展品向普通民众开放的做法，在原来是不大可能的。

上述所有这些，都让人感到大剧院正在一步步地走下先前被自我架空的神坛，而致力于将一种新的、人性化的形象与印象带给一个新的时代，特别是其不遗余力地致力于用后天的努力来弥补先天缺憾的做法（主要体现在节目制作和打造方面），以及在面向高端消费群体的同时，也致力于将大门一步步敞开面向较为底层的消费群体的做法，都让人看到了一种希望并倍感振奋。凡此种种，对日益崛起中的大国亟待被提升的精神层面的作用与意义而言，显然是不言而喻的。

国家大剧院的理性而又合乎公益的到达方式是：乘坐地铁 1 号线在天安门西站下车，就可以从地铁直接出站进入国家大剧院。

33

由无数巴西红木所镶嵌而成的占有相当比例的顶层内部空间，构成了大剧院内层空间乃至整个内外层空间的核心看点。

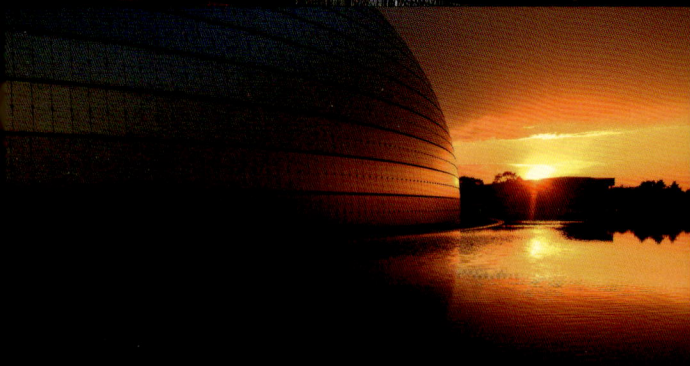

斜阳投射在大剧院银色外壳上所形成的光影效果，的确光彩熠熠，然而，这种闪亮而刺目的光影，与其所诉求的波光粼粼中的漂浮之蛋的诗意形影是否恰相冲突，却颇值得思考。

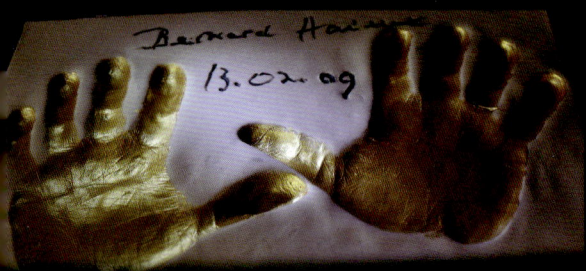

音乐大家的手模，成了大剧院藏品展中的最大亮点。

大剧院拥有两个以上面积可观的咖啡馆及其他休闲和消费场所，这一过于突出的休闲和娱乐功能，显然无形中也在削弱着其最主要的功能——即实际用于节目欣赏之功能，如此情形不免让人有些费解、纳闷。人们不禁要问：来此的首要目的何在？

大剧院不光进行演出，还常常举办各种音乐与舞蹈的讲座与观摩活动，有时还举办一些展览，比如，2010年3月30日所举办的《胸无城府·面有玄机——中国京剧脸谱艺术展》。

　　80多米长的大剧院水下通道之头顶上方，虽然在夜晚来看演出时几乎是漆黑一片，没有任何水的感觉，但在白天，举目仰望，还是能依稀目睹到层层涟漪在微风中轻歌曼舞的。当然，从内部空间构成与装修上来讲，这条水下通道是大剧院整个内部空间中最为失败、最无品位的地方，鉴于整条通道带着显而易见的乡镇企业之浓厚风格，从而与大剧院的精神格调及品位显得极不相容，因而是其亟待更新的地方。

　　一层咖啡厅及游览区通向地下一层的通道，清一色由洁白的优质石材打造而成，这成了大剧院不容错过的第三个看点。

　　由采自天南海北，特别是采自河南淅川与贵州遵义的珍稀石材所铺砌而成的名为"锦绣大地"的公共大厅地板，成了大剧院的另一不容忽视的看点。

　　与外层空间一样，大剧院的内里顶层空间及观众所活动的范围，也为圆弧状的，这一特点加上繁杂的楼梯通道，一方面，可以说它带着塞纳河畔的某种诗意与某种梦幻感，另一方面，又可以说由于它所形成的不必要的、迷宫似的空间感觉与心理印象，致使观众的方位感受到了极大限度的消解，从而有时会让人迷失其中而晕头转向。

雪中之蛋
瑞雪中的大剧院，又全然是另外一种姿影。

新北京·上部

鸟鸣花香

鸟巢与水立方之
审美视角与光幻效应

坐落在北京奥林匹克公园中心区南部的国家体育场，因外观造型在某些视角上略微有些近似于鸟巢状而俗称鸟巢。作为奥体场馆，鸟巢曾在2008年时在北京举办的奥运会的开幕式上因声势浩大的团体表演，与令人目眩的烟火特效而大放异彩，并因有诸多国家元首莅临现场，一时间而为国际观瞻所系。

资料显示，鸟巢兴建于2003年，2008年3月完工，总造价为22.67亿元，设计使用年限为100年，耐火等级为一级，抗震设防裂度8度，由2001年普利茨克奖得主赫尔佐格、德梅隆及中国设计师所设计而成。鸟巢拥有91000个观众席位，是世界上观众容量最多的体育场馆之一，据称它采用流体力学设计，并充分利用了自然采光和自然通风，从而使其设计理念在本世纪北京几大标志性的建筑之中，与国家大剧院等建筑拉开了距离。

正像许多事物同时都存在着正反两方面一样，

36

浪飞云漾

鸟巢虽然在设计理念上可能匠心独运，而在实际观感上却是另一回事，在不少角度观之，它并不太像一个鸟巢，建筑语言上的矫揉造作与座排席位等方面的简陋无比，反而常常成为了它留给世人更多的实际印象，特别是其内部的数万观众席位，在造型、色彩、质地与感觉上，在不加修饰的正常光线下观之，有些类似于一个巨大的麦当劳。总之，这座标志性建筑是一座实用价值有余而艺术气息不足、商业性有余而前瞻性不足的庞大建筑。作为一个崛起中的大国，并在历史上曾长达千载地扮演着世界文明中心角色的国度，对于一个为国际观瞻所系的国家体育场，显然我们还需要更为高屋建瓴的定位与更为高远的诉求。

虽然在建筑语言及实际观感上，鸟巢存在着诸多不足，然而，在声、光、电等氛围营造方面与自我美化方面，鸟巢在夜晚的特定光效下所呈现出的一切，却又是一种国际化的图景。2008年奥运会开幕式已充分地证明了此点，这种特色使其在非体育比赛的另外的用途与场合，特别是在进行大的团体表演与艺术节目表演之时，常常能够呈现出一种无与伦比的效果。就是说，虽然作为一座建筑，鸟巢不会在世界建筑史上占有任何地位，留下任何轨迹，然而它却能够巧妙而充分地利用自己所蕴藏的其他价值与功能，从而使自身形象得到某种有效彰显与诠释。

而今，鸟巢存留于世的功能主要有如下四点：一为历史见证性功能，二为大众游览功能，三为晚会表演、团体表演与艺术节目呈现功能，四为体育比赛功能。就第三种功能，即晚会表演、团体表演与艺术节目表演而言，鸟巢非常适合此类演出，因其表演区域庞大无比，面积相当于一个足球场，加上后面一侧的数块巨型投影，可使观众感受到的一切有时能够达到一种震撼无比的效果，它能扬长避短地将国家大剧院这个艺术空间

37

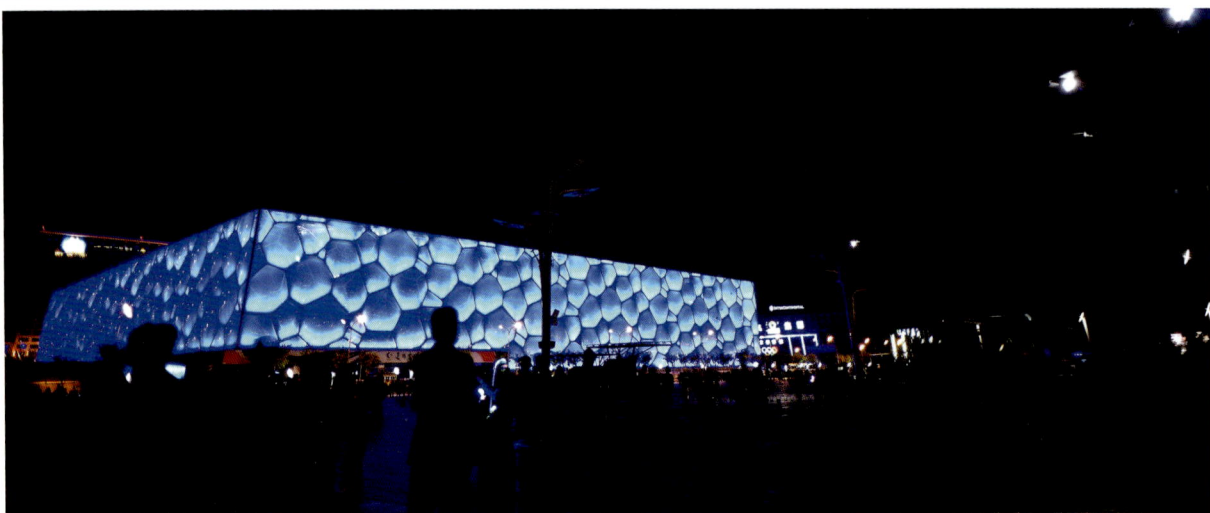

光幻效应

因舞台太小、观众席太少、过于封闭因而根本无法有效呈现的东西，极尽夸张地呈现到最大值。譬如，2013年金秋所上演的大型视听实景秀《鸟巢·吸引》这台视听盛宴，即为明证。

作为国家游泳中心，坐落在鸟巢西侧的水立方，也常常被定位为当代北京的一大标志性建筑，它与鸟巢遥遥相对，并与后者在总体格局及审美意象上互相呼应。虽然水立方在设计上远未有鸟巢那么复杂，在造价上也远未有鸟巢那么高昂，然而在直观印象上，水立方所呈现出的建筑美感相对而言显然更胜一筹。它更为本质而质朴，带着一种显而易见的几何之美与某种童话色彩，特别是在夜晚观之。那么，就让我们期待着这样的建筑在适合它的地方能够发扬光大，更上一层楼，为北京增光添彩。

总之，作为北京之新地标，不管是798、CBD，还是国家大剧院、鸟巢与水立方，它们都是当下海内外游客极为热衷而趋之若鹜的地方，因而都在扮演着某种特殊的存在角色。本书对它们的文化读解与美学分析也仅为一家之言，在海内外令人目不暇接的认知视角中，假如本书内容能够在一定程度上丰富您的认知，加深您的印象，以便使我们能够图绘出一种更为完整而美满的时代印象，则是本书所热切期待的。另一方面，就视觉语言与美学而言，本书致力于扬长避短，竭尽所能地对上述新地标皆予以了浓墨重彩地艺术性呈映，藉助独特的表现效果，从而旨在致力于最大限度地将一种光影之诗与审美向度，赋予这个特殊的时代，赋予无数的心灵家园。

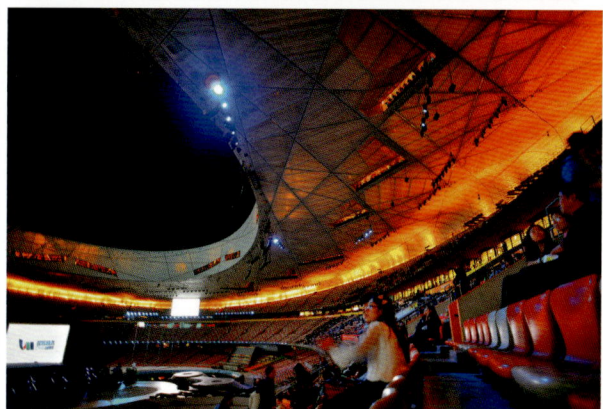

重金属语言与天真烂漫

第 2 章
Chapter 2

形与神：北京四大博物馆之内外写真
Form & Spirit: Four Major Museums in Beijing

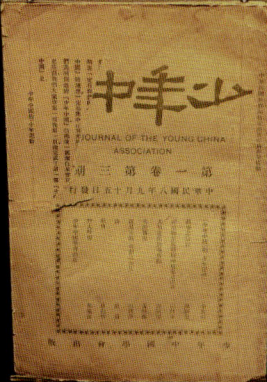

概 述

弘扬我国历史与文化，将之以各种方式真切而生动地呈现于世人，进而将中华之文明神髓、国家之精神形象播扬向四海，是每个炎黄子孙义不容辞之职责。拥有悠久历史与灿烂文明的中华之一切，不仅属于我们，也属于全人类。博物馆就是历史与文化的一种典型载体，对它的介绍与叙说，也就是对文明神髓的发掘与弘扬，对国家精神形象的播扬与提升。故，本书将博物馆列为了重点章节与重要元素构成而予以重点推介。在此基础上，本书还对博物馆的诸多方面作出了全新定位与界说。本书认为，凝聚着悠久历史与灿烂文化的各大博物馆，不仅其无数展品是历史、文化的重要组成部分，且其姿影，即其建筑本身，也是历史、文化与时代的重要组成部分，并常常表征着一个时代的精神之缩影。亦即，博物馆并不仅仅是一种历史存在，它常常也是一种形神兼备的文化存在与时代存在。博物馆的形（外观）与神（展品及其所折射出的内在精神）向来是不可分割的，进而，博物馆向来又是一种立体性的、内外合一、同时显呈的文化存在与时代存在。缘此，本章内容以"形与神"作为鲜明标题，并将呈现博物馆内外之一切，即形神兼备之一切，当作弘扬历史与文化，弘扬时代与国家形象之重要元素构成和重要层面而加以表现和叙述。

何谓博物馆？《现代汉语词典》所给出的定义为：搜集、保管、研究、陈列、展览有关革命、历史、文化、艺术、自然科学、技术等方面的文物或标本的机构。可见，博物馆几乎就是一个无所不有、包罗万象的地方，对于求知欲极强的人而言，常去博物馆每每会大有收获，特别是很有可能会矫正其对世界的认知印象。

博物馆在历史文化方面所做出的贡献，的确常常是其他东西所无法替代的。与历史书籍不同，博物馆所提供的，皆为呈现于眼前的、看得见的东西，即清晰可见的东西，而不是需要别人告知、你去想象进而才能在脑中得到的东西。如果说书籍是靠文字说话的话，那么，博物馆则是靠实物来说话，而且所说出的还大都是雄辩的语言。缘此，对了解、解读、体认、感受、认知历史与文化来讲，博物馆的作用与意义之大，的确为其他东西所不能比拟。其中，博物馆重要的存在意义与价值之一，主要体现在它的历史重现与印象矫正上，它常常可能在一瞬间便会让人对一切产生全新的认知，并可能会对往昔的错误印象与偏见予以最大限度的矫正。

除搜集、保管、陈列、研究、交换等职能以外，通常，博物馆所赋予世人之基本印象，大致有二：一为其外观形象，即建筑面貌，二为其内部所陈列和展览的各种东西。惟其如此，博物馆在设计和修建上一向都是十分严格而挑剔的。加之，它往往都处在一个城市十分重要的地方，故其建筑面貌及建筑语言，历来就是一个十分重要的考量因素，其对一种文明、一种文化、一个民族国家之影响与作用，历来就是不可等闲视之的。不言而喻地，它常常所彰显和呈示的，乃是一种文化、文明、一个民族国家之表情、神情、气象与精神，其外观姿影与内部之一切，常常一瞬间便能传达出一个国家之一切、一种精神与文化之一切。

博物馆的重要性对每个人而言不言而喻，它差不多可算作人生的大课堂，甚至是人生的某种大学堂，从那里所学到、所深切感悟到的东西，往往是其他任何地方所无法比拟的。它对开阔人的视野、提高人的学养与修为、矫正和加深人的心灵印象等都是至关重要的。固然，图书馆也能学到很多东西，然而，博物馆所拥有的优势是图书馆所无法比拟的，也是其所无法替代的。较之图书馆，博物馆往往拥有如下这些必须被着重强调的优势：

一为快捷而一目了然。不管多大的博物馆，差不多半天到一两天工夫都可浏览完毕；而与此种情形不同，即使最小的图书馆，半天到一两天工夫，顶多只能读完其中的一两本书，或翻阅完一堆杂志，就已算是很高效的阅读了。是故，就历史视野与历史长廊而言，博物馆半天或一两天就可以解决的东西，图书馆甚至需要皓首穷经才能为之。

二为毋需翻译而具有普适性。众所周知，图书馆是一种文字语言之庞大集合体，这种文字语言仅对能够熟练掌握它的人才有效，而对不能熟练掌握的，及完全对之陌生的人而言，再庞大的图书馆也几乎完全无效。而与之不同，博物馆所提供的是一种视觉信息与视觉语言，它几乎不需要翻译，它可以在瞬间赋予所有掌握不同文字、不同语言及所有来自不同国家的人以同一种清晰呈现于其眼前的真切的东西。换言之，它能够极大地弥合不同语言、不同文字、不同文化与不同国家之间的距离与鸿沟。虽则，由于文化的差异、价值观的差异、学养的差异、智商的差异、生理的差异，常常使得同一个东西作用给不同观者的心灵印象也会有较大差异。但这仅是内在的心理感知和判断层面上的，就外在而言，博物馆之一切所作用给每一个感官和神经正常的人的东西都是一样的。作为一种不可替代的大学堂，博物馆之一切所带给观者的，往往是一种真切、可观、快捷、有目共睹、毋需翻译、既无法粉饰同时又无法掩盖的东西，即一种历史的真相、实在与实存的东西，进而是一种十分接近真理的东西。此乃博物馆之基本属性与特质，也是其最大价值与最可贵之品性所在。

当今，首都各大博物馆的一大特色与魅力是，它免费向游客开放，毋庸置疑，此做法体现了当今北京乃至当代中国的一大文化与形象之魅力。它从一个侧面向世人昭示了这个世界第二大经济体对内所承担的某些义务与职责，显示了某种亲和力和人文情怀，这是许多其他地方，特别是很多中心城市应当加以学习、借鉴、效仿和发扬光大的。

综上，本章刻意选取了当代北京最具代表性的四大博物馆，并从外到内全方位地予以呈示和展露，以丰富世人对北京乃至对整个国家精神层面与文化层面的印象和认知。收入本书的四大博物馆，无论在外观形影、建筑语言，还是在内部展品与展览的风格及特色上，都各不相同，各具特征与个性，从而可能会令人大饱眼福，收获颇丰。四大博物馆的总体印象可概括为：深刻（国博）、震撼（首博）、雄浑（军博）、丰富（电博）。

庄重

中国国家博物馆之
新古典风尚与时空回望

肃穆

现代而又不失古典

国家博物馆的全称是中国国家博物馆，它地处天安门广场东侧，与人民大会堂垂直相对，并与人民大会堂、天安门城楼、正阳门这几大建筑共同合成了天安门广场之总体景象。中国国家博物馆之前身为中国历史博物馆与中国革命博物馆（1983 年—2003 年），而在此之前，它又被称为中国革命历史博物馆（1969 年—1983 年），它建成于 1959 年，系"建国十周年十大建筑之一"。而今，经扩建后总建筑面积为近 20 万平方米，藏品数量 120 余万件，展厅 48 个，它是当今世界单体建筑面积最大的博物馆。

三星堆之另类神情

光彩之合唱

作为历史文化的一种生动代言与表征，国家博物馆系当今中国最大、展品最丰富、底蕴最深厚、品位最高雅、眼光最高远的博物馆。较之当今那些令人眼花缭乱的奇异建筑，作为一座较为元老的现代建筑，国家博物馆的总体感觉是：朴素而不失典雅、大气而不失理性、庄重而不压抑、美观而又实用。这座充满着新古典主义风尚的庞大建筑，从外观上与形象上来讲，它体现着一个时代的精神与表情，从实用性与功能上来讲，它又极其实用，从地下到地上的多层展厅，都能够极尽充分地发挥展览、陈列与参观之一系列功能，从而使其达到了形神兼备、形神合一的至高境界。

就陈列与展览而言，它不仅终年对外展出中国历史自史前到现代之各类文物，而且还常常举办一些海外文物展与历史文化展（比如曾举办过"印加人的祖先"及"启蒙的艺术"这两个海外大展）。另外，国家博物馆免费向海内外敞开的亲民姿态，加之其展品一向考究，诸方面要求一向严格，以及其工作作风一向严谨而富于礼节，所有这些，都为国家博物馆之总体形象与印象增辉颇多，并在精神上、形象上和文化上，为一个国家树立了一个良好的榜样。从建筑语言和建筑风格上来讲，虽然国家博物馆为 20 世纪后期的产物，但在今天看来依然不落后，而今，在这部由建筑洪流所形成的某种时代交响曲之中，它依然在扮演着一种不可替代的重要声部与角色。

中国国家博物馆不仅是一个具有收藏、展览和陈列，以及历史科学研究等功能的国家机构，而且在考古方面，它也扮演着重要的角色。它还拥有一支水下考古（类似于水下发掘、研究大西洲或泰坦尼克号沉船等情形）、田野考古与航母遥感摄影考古的研究力量与技术团队及相关先进技术设备。这种独特性使其在中国的所有博物馆中独领风骚。

国家博物馆的理性而又合乎公益的到达方式是：乘坐地铁 1 号线在天安门东站下车，从南口出站即到。

超越生死的永恒之梦

 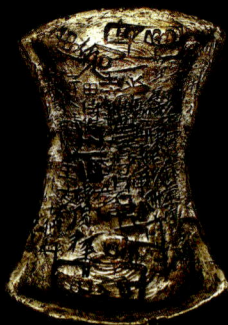

金属与文明

后母戊鼎

　　陈列于中国国家博物馆展厅之重要位置的后母戊鼎（即早先人们所熟知的司母戊鼎），系该馆名气最大、引起关注最多的重要文物之一。后母戊鼎于 1939 年出土于河南安阳，系商朝后期（约公元前 14 世纪 — 前 11 世纪）之历史产物，因器腹部内壁铸铭文"后母戊"三个字而得名。此器重 832.84 千克，工艺复杂，铸造精巧，系"目前所知的中国古代最重要的青铜器"。

栩栩如生

大清银行壹圆兑换券面、背钢版 清

历史大学堂

海外视界

"印加人的祖先"大展

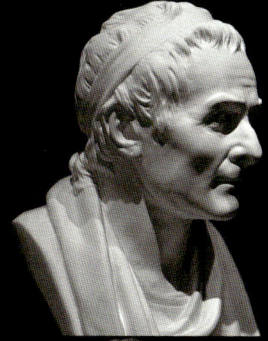

"启蒙的艺术" 大展

军事博物馆之
电影化景观与英雄梦幻

中国人民革命军事博物馆

凝固的"战马"

军事博物馆为中国人民革命军事博物馆的简称，为北京乃至整个国家最大的军事博物馆。在北京除了军事博物馆外，军事类的博物馆还有中国兵器博物馆等。军事博物馆地处西长安街往西的延长线上，坐北朝南，与北京西站遥遥相对。军事博物馆建成于1960年，从设计理念、建筑面貌与空间格局上来讲，带着浓厚的苏联风格——一种大气、雄浑、方正、宏阔、坚固并含有某种英雄主义色彩的特有建筑风格。

军事博物馆的各类馆藏与陈列品非常丰富，琳琅满目，达到了令人目不暇接的程度。展品涵括了从史前、古代、近代、现代，直到当代的各个历史时期与古今战争有关的各类东西。其中，抗日战争馆，特别是抗美援朝战争馆，从各个方面来讲是该馆最具特色的两处英雄风景。在后者中，从朝战时期的坑道与掩体再现，到缴获的联合国军的旗帜与徽标，从上甘岭之战的实地移置而来的被战火烧焦且镶满弹片的树桩，到战地水壶、电话线、各类轻重机枪等，应有尽有。特别是其中所陈列的由特殊材质所雕塑而成的、形象无比逼真而感人的战地士兵的立体场景，成了该馆最具代表性的一处景观。该英雄景观主体人物的塑造简直到了惟妙惟肖、比

导弹与战机并置

真实还更加逼真之境界，从而每每令无数观者惊叹不已。

与其他一系列博物馆大都只展出小件东西不同，军事博物馆在展出小件东西的同时，还展出巨型东西，大到坦克、炮舰、导弹，直到被击落的当年显赫一时的数架美军高空战略侦察机——U2 残骸（该机曾在 1949 年之后还频频深入中国大陆进行战略侦察，后被我军导弹部队击落）。可以说，军事博物馆是个除了没有核武器、核潜艇与航空母舰武器系统之外，其他军事装备与古今武器无所不有的大型军事类博物馆，故而，来此一游定会让你眼界大开而终生难忘。该馆的一大特色是，每日前来参观的儿童与学生往往占据了一个很大的比例，从而构成了该馆的一道极其特别的风景线。

军事博物馆是一个充满着英雄主义、岁月梦想与电影场景的特殊地方，展品分布于前前后后、里里外外，上上下下，各展馆及展区全部看完往往需要半天时日。

赴军事博物馆参观，理性而又合乎公益的交通方式为：乘坐地铁 1 号线在军事博物馆站下车，从北口出站即到。

战利品

M4A3 "谢尔曼" 中型坦克（美国造）
The Us M4A3 Sherman Midium Tank

这辆坦克是中国人民志愿军在1950年12月抗美
援朝第二次战役中，于朝鲜介川地区缴获美军的。

主要战术技术性能

战斗全重：33吨　　　　　　乘员：5人
装甲厚度：30~85毫米　　　最大时速：45千米
最大行程：160千米　　　　越壕宽：1.85米
最大爬坡度：31度　　　　　通过垂直墙高：0.7米
涉水深：0.91米

主要装备：75毫米火炮1门

地道战重现

　　抗日战争纪念馆中所制成的地道战立体场景，成了军博的最具创意、最生动逼真的景观之一，该景观生动地
重现了当年冀中游击队通过地道战的方式打击侵略者的场景。

缴获"联合国军"的各种徽志。

志愿军的荣誉与骄傲

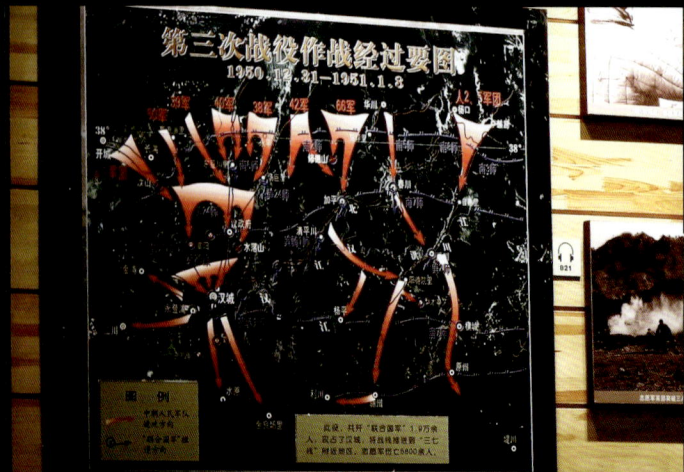

第三次战役作战经过要图
1950.12.31-1951.1.8

英雄的证明

FOR
MILITARY
MERIT
115
5534D

8018 陸軍 2094

33027

枪

曾陈列于前门外广场上的各类战机与火炮

首都博物馆之
视觉冲击与理性诗章

并不是我们所倾力打造的、旨在追求视觉冲击的标志性建筑，就一定具有所期望的视觉冲击力，就一定具有所期望的标志性的时代意义。同样的，也并不是一向未被海内外各界所广泛聚焦、未被当作标志性建筑的建筑，就一定不具有标志性的时代意义。相反的，不少这样的建筑往往更具有标志性的时代意义。

像本书中所着重列举的上上国际美术馆、今日美术馆、中国电影博物馆、北京植物园热带植物温室（万生苑）等建筑，就极具某种标志性的时代意义。它们的建筑语言、建筑格局、材料选取，及所透射出的人文理念与时代精神，都将成为世界建筑史的一笔重要财富，将给世人带来深远的启悟。如果说上述并非完美无缺的建筑存在着前卫有余而视觉冲击稍显不足这样的瑕疵的话，那么，此处讲述的首都博物馆则无论是在前卫精神，抑或是在视觉冲击方面，都达到了令人赞叹之程度，从而使其存

在自行被赋予了某种标志性的时代意义。

坐落在西长安街延长线南侧的首都博物馆，曾于 2007 年成功举办了《卢浮宫珍藏展——古典希腊艺术》这个展览从而使其声名远播。尔后，该馆更是将胸怀敞开而面向了所有的人，从而赋予了人们以一种宽广的人文精神与人性化色彩。

首都博物馆的总体感觉是：方正、大气、简洁、明确而有力，且富于高强度的视觉冲击，它是宏大叙事的一种典型写照。一进入大厅，映入眼帘的，是拔地而起、一直呈倾斜状伸向顶层的由一片片青铜式的材质所镶嵌而成的一个巨大椭圆状的几何筒体（这是目前国内最大面积的仿青铜纹理的艺术金属装饰幕墙），这一矗立于大厅东侧的在心理上起支撑作用、在视觉上起支配作用的现代几何体，恰似一棵伸向苍穹的想象中的数千年之古松，将一种溢满沧桑的伟岸感与遒劲感，一览无余地晰呈于视界，从而赋予了整个博物馆大厅以一种无比强烈的

方正大气，巍然屹立

极具视觉冲击力与震撼力的首博大厅

视觉冲击与难以抑制的心灵震荡。这种由大块面几何体与青铜色调所营造的、大手笔的视觉冲击，又与大厅正中矗立着的古色古香、精美典雅的景德街牌坊形成了鲜明的对照，从而使整个博物馆的大感觉与总体印象显得刚柔相济、古今浑融、遒劲有力而中西合璧！整个一切，在一种古悠、对称之中，又透着一种苍劲而失衡的现代气息。

何以会生发如此之神异感受呢？主要缘由，乃在于整个博物馆大厅所笼罩着、弥漫着的一种巨大的力量所使然。这种弥漫在每个角落、每个投射点的力，又是如何得以形成的呢？其一，在于巨大几何体、巨大空间面积所透射出的力度本身；其二，在于这一力度与古雅牌坊在不同形状、不同概念、不同材质上的强烈对比所赋予的戏剧色彩和戏剧张力。奇妙之处还在于，虽然巨型几何体的周身镶砌着一片片"青铜"（在此意义上它是个古物），然而，其总体形状与大感觉却又是非古代的，而是极其现代的，这种现代感来自于它在形状上的倾斜，以及由此所营造的某种失重感。这种貌似具象的倾斜几何体，还进而赋予观者以一种抽象感、幻觉感与象征性。所有这些，加上整个博物馆大胆辟出的足够大的礼仪大厅空间所具有的旷阔感，以及作为北京市悬挑最长的大型金属钢结构屋顶所带来的空间感，使得首都博物馆的总体视觉印象又被赋予了一种十分难得的震撼效应。

而何以将震撼效应当作了最突出的诉求而着重加以强调呢？

真正的存在、真正的历史、真正的精神，向来即为一种震撼。存在是一种震撼性的存在，历史是一种震撼性的历史，精神是一种震撼性的精神。不具有足够震撼性的存在、历史与精神，最终都将消逝于苍茫世间，都将消逝于时空长廊。而震撼性的存在诉求，特别是震撼性的审美原则，对我国来讲，虽然亘古不乏其有，但却很少有占支配地位的时期。惟其如此，秦汉与盛唐这两个时代，一直是被公认的我国文明在历史长河中最辉煌的两个时代。宋代以降，这种震撼性的精神与历史气象便逐渐消弭了，随之，整个文明景象特别是创造精神在总体上便渐渐衰败了。缘此，当今我们讲复兴，首先应诉求一种震撼性的存在理念与精神气象的复兴，若无此复兴，其他方面的鼎盛或超强到头来不过是徒有其表而已。而从建筑——一个时代的表情彰显和精神缩影——上来讲，首都博物馆即为这个时代的一种标志性的精神风景。之所以如此，因为其整个建筑理念所作用给时代与心灵的，是一种震撼性的，而不是浮躁性的，更不是恶俗性的或繁文缛节性的。总之，首都博物馆在京城的横空出世，在一定程度上为这个时代树立了某种精神标杆，它为我们日益贫瘠的视野与心灵赋予了一种震撼性的视觉效应与精神效应。虽然这种震撼效应还是相对

有限的，但对它来讲已经是非常难能可贵了。

美中不足的是，首都博物馆在拥有上述诸多特质与神韵的同时，也存有显而易见的一些僵化性的问题，此外，还存有微观细节的苍白和变化不足，及抒情性匮乏的问题，特别是其正门北侧通向大街的倾斜台阶走起来"一步太宽、两步太窄"的广受批评的缺憾，都使这座在西长安街延长线上横空出世的建筑逊色不少。纵然如此，它作为当代京城的一座地标性建筑，仍然是毋庸置疑的。

首都博物馆的理性而又合乎公益的到达方式是：乘坐地铁 1 号线在南礼士路站下车，出站沿路南往东步行 300 米即到。

青铜视界与异域色彩

中国电影博物馆之
前卫姿影及影梦踪迹

几何语言的姿现

中国电影博物馆是将现代几何语言与建筑的实用功能进行完美融合的绝佳范例。

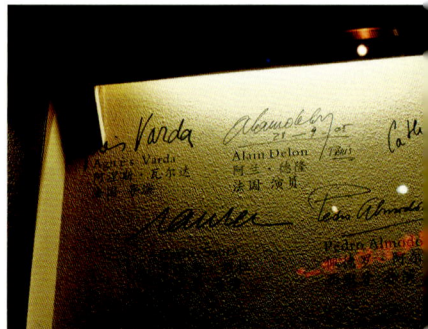
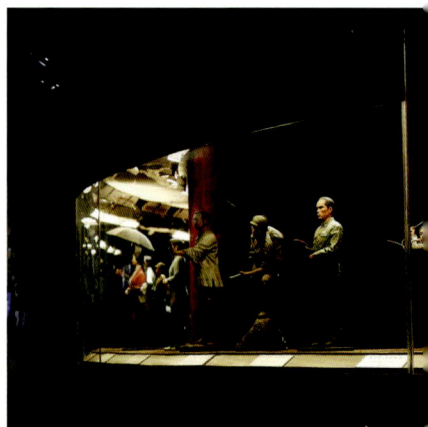

失重与反射

　　从正面观察和侧后观察，电影博物馆常常会赋予视界以截然不同的两种存在形影与存在表情，这构成了电影博物馆的一大存在表征。图为电影博物馆的侧后形影。

　　地处北京边缘地带一处"农村"（南皋乡）的中国电影博物馆，是目前世界上最大的国家级电影博物馆，由美国一家设计公司（RTFL）和北京建筑设计研究院联合设计。因为其建筑语风既有西方文明的极为本质、立体、多维、抽象和富于高强度的视觉冲击之一面，又兼具我国的一些革命年代的鲜明特色，而使其化为了当代北京的一道地标性风景。如果说电影博物馆整个外部给人的感觉与印象，恰似一部复活了的古希腊－罗马的空间史诗的话，那么，其内部空间、色彩（以黑、白、灰三色为基调）与光效，则近乎于当代好莱坞与百老汇的某种翻版，充满了强烈的电影感与戏剧性色彩。应当说，这种设计理念之定位本身，对电影这个从头到脚完全为洋玩意儿的东西来讲，还是较为恰当的。何以如此观之呢？因为与诗、文学、戏剧、舞蹈、绘画等形式不同，作为一种完全彻底的舶来品，电影可以在故事与内容上是本土性的，然而在理念与技术上，则必须得是西方性的，其在理念与技术上的西

方性愈强，才愈是吻合其存在本质的。在此意义上讲，电影博物馆的理念定位、总体设计风格，与所要求的精神及被赋予的气质和格调是一致的。

　　电影博物馆毋宁说是一种巨大的现代雕塑合成物，其特质还在于，这种本质上隶属于雕塑的建筑风格，既充分彰显了一种建筑语言的崭新风尚，又极力避免了大剧院在设计上的那种使存在功能受到自我消解的不良现象，即电影博物馆在使自己具有极强的视觉冲击之同时，又丝毫没有损害其内部空间所具有的实用功能。或曰，电影博物馆意欲传达的意图有二：一为建筑语言本身，二为其馆藏的一切东西，这两个方面完美地合成了电影博物馆的总体风景。

　　以上，是从外观形象，即从面貌和建筑语言来讲的。从内部的馆藏品来讲，电影博物馆的可圈可点之处也颇多。电影博物馆从电影的诞生，即1895年卢米埃尔兄弟所发明的第一台摄影机讲起，将百余年的西方与中国的电影史，在一个有限的、

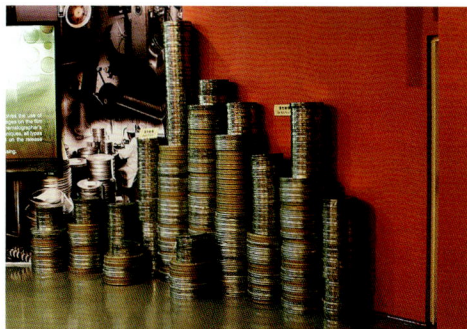

记忆·大师手迹·铁盒子里的艺术

　　电影博物馆里不仅珍存有 20 世纪 30 年代影星胡蝶的图片画册，更有一些西方大师的手迹，同时还保留有堆积如山的一摞摞铁盒子。2012 年，随着美国柯达公司宣告破产，存在了一个多世纪的装载电影胶片与拷贝的铁盒子，不久将淡出时代的视野，只会隐身于博物馆的冰冷角落；虽然如此，但我们坚信"装在铁盒子里的艺术"——电影，还是会继续存在下去的。

童梦的复活

　　电影博物馆的一大特色，还在于它能够在瞬间将人带回往昔，带回童年，并能在瞬间将远逝而消散的一个个童梦成功复活。

圆筒样的、剧场似的立体空间中全部纳入，其不少藏品像早期的电影摄影机、放映机等都是十分珍稀的。另外，它所模拟的摄影棚、拍摄现场，及其所收藏的枪械及各种道具，所陈列的经典红色电影中耳熟能详之角色的雕塑小人儿，都让人过目难忘而流连忘返。此外，它对电影拍摄全程的摄、美、录、服、化、道、配音、拟音、剪辑、洗印、合成等技术环节的科普性实物陈列，俨然就是一部关于电影拍摄与制作全程的百科全书或活字典。别具特色的是，它还有真切的配音车间，此车间对在普通话配音的西方电影，或在西方电影录音剪辑这种特定氛围中成长起来的数代人而言，实在是难能可贵。的确，来此现场尝试为心目中挥之不去的经典角色（像哈姆雷特、冉阿让、佐罗、黄玫瑰、杜丘、拉兹与丽达等）配音的特殊感觉，可能会终生难忘。

　　总之，电影博物馆就像一个电影的万花筒，几乎应有尽有，从西方到东方，从机械到历史、故事，从早期无声电影的模拟放映（放映厅还专门有一个

钢琴师负责现场弹奏配音的虚拟画面），到动画（当然，3D 元素还鲜少见到），几乎可以让人在单位时间内对百余年的中外电影史有一个综合而完满的直观印象。惟其如此，博物馆开馆以来，各方人士一直络绎不绝，曾到访的世界重量级电影人有：马丁·斯科塞斯、乔治·卢卡斯、瓦尔达（新浪潮电影之母）、伊斯特伍德、施瓦辛格等，本土的重量级电影人则有：成龙、袁和平等。这些重要来宾的签名手迹，也成了博物馆的一道绚烂风景，成了博物馆珍稀藏品不容剥离之部分。

　　电影博物馆所以为当今最令人着迷的去处之一，是因为它鲜明地刻写着一个时代的影梦踪迹。

　　电影博物馆的理性而又合乎公益的到达方式是：乘坐地铁 10 号线在亮马桥站下车，出站换乘 688 路或 418 路公交车，到南皋乡政府站下车，步行约 700 米即到。

第 3 章
Chapter 3

姿与影：当代北京前卫美术馆之全景扫描
Look & Shadow: Panorama Scanning of Vanguard
Art Galleries in Contemporary Beijing

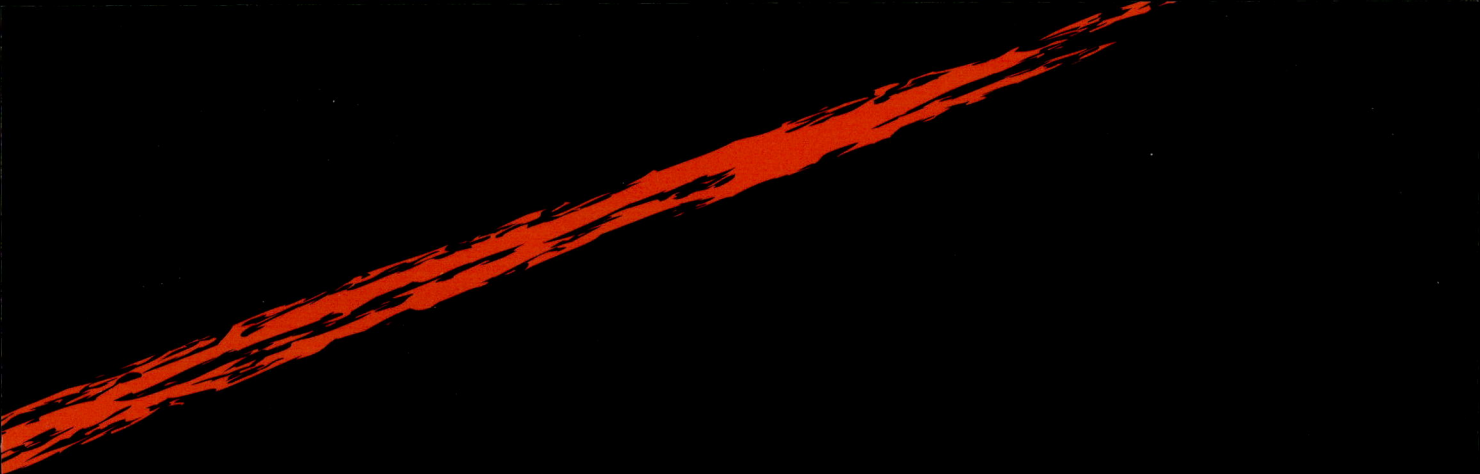

概 述

建筑，特别是前卫建筑，常常表征着一个时代的特殊表情，体现着一个时代的崭新气象。本章所撷取的一系列当代北京的前卫建筑的姿影，彰显着一种特殊表情与崭新气象。通过对这些建筑的感知，可使世人对当代北京，乃至当代中国的前卫建筑在单位时间内能够获得一种直观的、如临其境的印象。

21世纪以来，古都北京一夜之间化为了当代世界前卫建筑的"试验场"，一系列在其他国家根本无法实现的建筑理念，在北京反而可以纷纷落地并生根发芽，而此现象又跟2008年奥运会这一世纪盛会在北京的举办直接相关。正是这次被高调打造的世纪盛会，催生了这种风潮的诞生，使一大批地标性建筑纷纷拔地而起，从而赋予了古都北京以一种异样的景象。

国人对这股风潮褒贬不一，至今这些洋气十足的建筑仍然充满着巨大的争议，尤其以国家大剧院和CCTV办公大楼为最甚。评价这批新异建筑的是非功过与优劣不是本书意欲着墨的主要课题，但将其作为一种特定历史时期的特定现象而加以光影叙说与记录，却是本书所欲达到的诉求之一，本章及

第一章内容中的国家大剧院一节之创构与拍摄，即属于此种情形。

提起北京的前卫建筑，一直以来，广为流行的看法，大都习惯于将国家大剧院、CCTV办公大楼与鸟巢列为三大标志性建筑而广为评述。而实际上，这种情形之所以得以形成，跟这三座建筑地处城市中心与权力中心，并拥有大得惊人的投资（30亿元到近200亿元[①]不等）和铺天盖地的炒作（可能也是希望将其化为旅游热点）等原因有关。其实，这三座担负着有限的宏大叙事之历史使命并以承载主旋律为突出功能的建筑，若从建筑美学、时代精神与气象的高度来讲，却并不怎么现代或当代，并未达到所期望的愿景。

与诸多认为上述三座建筑过于怪异的批评声音不同，笔者反倒认为，在标新立异方面，在前卫建筑所应具有的革命性的建筑语言方面，这三座建筑还太保守，对现代意识与当代性体现得还太有限。笔者认为，古都北京的视觉面貌，要么需要全面地

① 资料来源：维基百科网站（2013年3月6日版），百度百科网站（2013年3月2日版）。

古典化，以便使传统文化神髓得以延续和复兴，要么就需要在立法保护传统建筑的同时，使新的视觉面貌走向真正的现代化，以赋予文明古国以一种全新的、富于张力感的时代气息，而不能是不伦不类的、不土不洋的、既不古典也不现代的建筑式样。很遗憾，上述三座皆出自西方设计师之手的建筑，在设计理念上就或多或少地存有这种先天不足。当然，任何事物也没有十全十美的，希望不久后文明古国的地平线上能够真正矗立起几座帕特农神庙或悉尼歌剧院式的彪炳千秋的建筑，以实现一种真正的东方复兴与精神图腾。

本书视角认为，反倒有另一些投资没那么惊人、设计师的名气也没有那么吓人的建筑，在当代才更具有某种标志性意义。它们便是本章所欲集中呈示的一些建筑，即当代北京前卫美术馆中的上上国际美术馆、今日美术馆，以及上个章节之中所呈示的首都博物馆与中国电影博物馆等。本书认为，这些建筑才真正体现了一种前卫意识与革新精神，并赋予了当代北京一道别样的、令人浮想联翩的风景。当然，此外，据说长城脚下的公社建筑群也颇

值得一看，但囿于能力所限，至今笔者尚未能够目睹到其真容。

在以上所述的这些前卫建筑与标志性的景观中，从综合方面来讲，最具代表性的，无疑当属上上国际美术馆、首都博物馆与中国电影博物馆了。这三座建筑三位一体性地为当代北京描绘了一道绚烂的风景。另外，本章内容在刻意呈示当代北京前卫建筑之表情与形影的同时，又对其内里在这些年来的主要展出和交流活动中的一系列代表性的当代艺术作品，也给予了不同程度的呈示和回顾，从而使这些建筑在外观与功能、标志性与实用性上，皆得到有效表达与呈示。与第 2 章（即"形与神：北京四大博物馆之内外写真"）以呈示内里展品为主、以彰显外观形貌为辅之做法相反，本章内容则是以彰显外观姿影为主、以呈示内里展品为辅之做法而为其特色与方向的。总之，这两章内容均表达了一种当代北京的精神风景与精神时空，所不同的是，第 2 章内容以建筑的内里展品和历史文化的向度为主线，本章则是以建筑的外观姿影和当代艺术的向度为主线。

锈铁语言

上上国际美术馆之
光影蒙太奇

姿影与表情
　　上上国际美术馆的外观姿影与前沿表情。

三尺冰雪，从自然语境上，在进一步强化着整个建筑的理性之维与冷峻之美。

就理念、表情、姿态、形影、风格、材料、审美意象和实用功能等综合指标，以及就设计和建设资金相对十分有限的这一条件与背景而言，上上国际美术馆几乎可视作当今中国最前卫、最可贵、最具创新精神的建筑。虽然其设计出自于一个名不见经传者之手，然而，就其所体现出的某种革命性的建筑语言，以及其所折射出的多元交响、光影诗漾之特质来讲，此建筑足以令诸多国际上赫赫有名的建筑大师之杰作都相形见绌，甚至黯然失色。

上上国际美术馆的鲜明特质与魅力之一，是它体现着一种浓厚的后现代主义特色。锈蚀的铁板、凌空的姿态、倾斜的阶梯、凝重的语言与复活的张力，以及某种重金属效应，无不在强化着它的后工业时代乃至整个工业时代的实验色彩；而同时，环裹在其周身的数百万块极富质感的灰砖，在粼粼波

光的倒映中，又在透射着一种深沉无比的古之幽情，从而以远古与后现代之强烈对比、稳恒固态与液态涟漪之虚实效应，以及金属语言与古陶语言之阴阳呼应，极尽夸张地投映给时代以一种梦幻般的跨时空姿影。某种意义上讲，上上国际美术馆乃是一座当代的圆明园，它交织着东方与西方的两种语言，凝聚着西方与东方的两种神情，既带着某种童话色彩，又是光与影的一种理性道说与诗性呈映。与许多前沿建筑的建筑风格及建筑语言常常难免会出现凌乱乃至错位的遗憾情形相反，这座建筑在此方面实现了自身的一种近乎完美的统一，一种合唱性的统一。

上上国际美术馆之所以被本书排在当代北京之前卫建筑的首位而大书特书，最重要的缘由与根据是，此建筑在极具革新精神、极富现代意义的同

77

古代神情

时，又没有割断历史——它用的主要材质，是由土所烧制的、为传统中国建筑所十分钟情的清一色的灰砖，而不是光彩熠熠的钛合金或闪闪发光的超白玻璃等。此外，其建筑的主体结构，也不是钢材，依然是以传统的材质建成。虽然如此，令人诧异的是，整个建筑的造型却是十分抽象而现代的。其一大个性特征在于，在通体由灰砖所砌构而成的古典风景中，又大胆镶入了现当代建筑的语汇——即由大面积的锈铁所构成的另外一种掷地有声的建筑语言。由锈铁所搭建起的角度奇异、在总体语言中旨在起到某种调节和对比作用的一楼斜梯，及二楼大厅入口，极大地缓解和调和了大片灰色调所带来的历史感与沧桑感，而将整个理念带进了当代前沿。其整个设计理念，通过对极具欧几里得式的几何感线条的强化，并通过对果断转折的块面构成的彰显，以及对大面积的以灰砖为主要材质与色调的古朴元素的融入，从而将西方与东方的文化神髓极为有机而巧妙地糅合到了一起。

另外，进入美术馆内所必经的、角度异常的悬空斜梯，及二楼大厅的悬空锈铁地板，以及进一步踏入内里大厅所必经的、同样是悬空的锈铁台阶所发出的极具空间感的金属声响——一种由踩踏所生发的异样声响——所形成的极具舞蹈剧场感的构成元素，在大片由灰砖所营造的古典风景和氛围中，显然又赋予了该建筑以一种既坚实有力又空旷无比的当代色调，甚至还超越主体而赋予了东西两种文明神髓以一种时空漫舞与酣畅对话之全新可能。

上上国际美术馆的理性而又合乎公益的到达方式是：乘坐地铁1号线在国贸站下车，出站换乘开往宋庄方向的808路、809路公交车，在艺术东区站下车，然后往回步行200米左右即到。

78

一排排伫立的陶俑，在复活着一个史诗的年景。

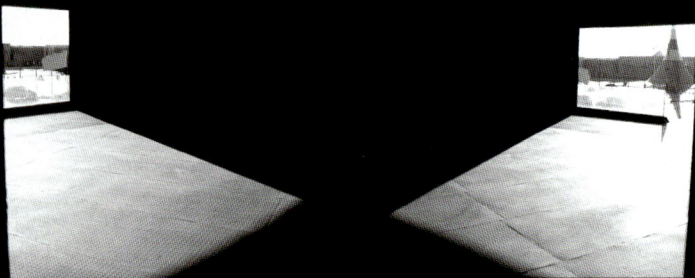

光与影的诗意变奏，谱写着一种令人痴醉的心灵蒙太奇。

数届艺术节之展品拾萃。

实用价值，亘古只是建筑的功能与意义之一；而审美价值与颠覆性意味，亘古是并且永远是建筑的更为本质的功能与更为伟大的意义所在。伟大的建筑，常常意指着这样一种东西与精神过程，即在对审美习俗与陈腐传统的勇敢颠覆之中，历史性地赋予时代乃至整个历史以全新的审美向度，从而以其诗的颜容与本质姿影来烛亮溷浊视界，并赋予无根而不安的世俗生命以一种心灵归宿。

喧嚣在此刻静息，唯余光影之呼吸。

水墨与几何：
当代实验水墨作品，
常常是上上国际美
术馆最为钟情的展
品类型之一。

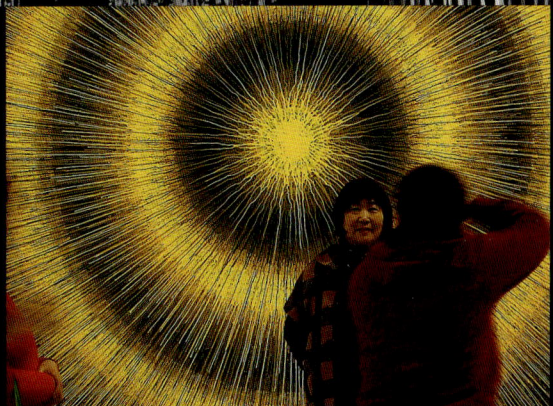

冬去春来，池
水的粼粼波光所倒
映的物象，又使整
个建筑变得虚实相
间、诗意盎然。

艺术节开
幕式现场与行
为作品回放。

宋庄美术馆之
印象主义掠影

  宋庄美术馆是整个宋庄的一座老字号的、像模像样的美术馆，视界通透、不高不低、不大不小、不静不闹是其一大表征；资源丰富、人脉旺盈是其另一大表征。

  宋庄美术馆北邻人工湖，东、南扼交通要冲，东临蒸蒸日上的艺术东区，是宋庄艺术节之一大中心与主要策源地之一。

  宋庄美术馆又可分为某种现实主义意义上的宋庄美术馆与某种印象主义意义上的宋庄美术馆两种。现实主义者追逐的是其极尽现实的一面，而印象主义者所感知的，则是其所被赋予的印象性之一面。本书所撷取的画面，主要为后者。你会看到，从某种印象主义视角观之，宋庄美术馆在视觉印象上仿佛完全被改首换颜。

  宋庄美术馆的理性而又合乎公益的到达方式是：乘坐地铁 1 号线在国贸站下车，出站换乘开往宋庄方向的 808 路、809 路公交车，在宋庄美术馆站下车即到。

红砖表情

宋庄美术馆的外观几乎皆由清一色的红砖堆砌而成。与许多地方特别是中小城市膜拜水泥与玻璃这些建筑材料不同，红砖是北京许多地方都较感兴趣的一种建筑材料，在京城，不加掩饰的红砖，常常表征着某种时尚与风景。

艺术节开幕式的火红场景

窥望

盯与被盯

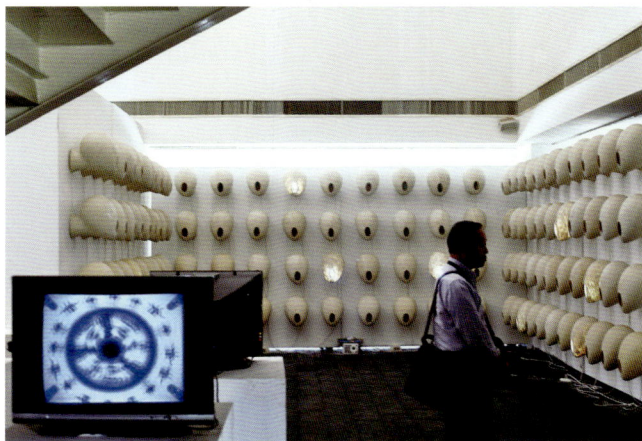

木然

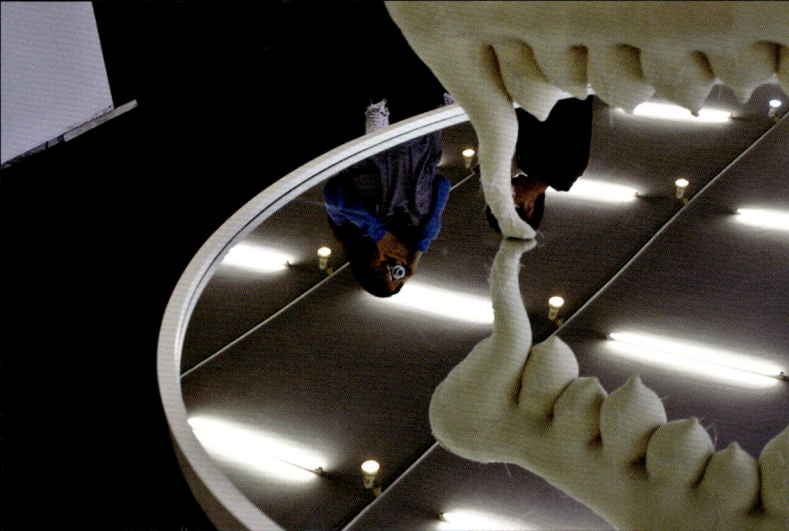

奇情异景与内外构成

幻界的交织

色调·维度·时空

　　这个集中表达色调、维度与时空的新媒体作品，是数届新媒体大展中的最令人难忘的作品之一。前几年，由海涛等人在宋庄美术馆所策划的数届新媒体作品展，俨然与中国美术馆的数届新媒体大展，形成了某种分庭抗礼之势。两者互相呼应，互相影响，互相作用，共同合成了某种当代艺术之崭新风景。

北京当代艺术馆

　　北京当代艺术馆也许是目前整个京城最靠边缘的一个美术馆或艺术馆了，它地处宋庄镇东边的大兴庄村北面的一片白桦林中，为一大片悠林所环裹，远离尘世喧嚣。北京当代艺术馆是一个旨在以个性化展览与前卫精神彰显为表征的艺术馆，迄今为止已举办过不少展览，"片甲不留"艺术展是此前它所举办的展览中较具颠覆性的一个展览。北京当代艺术馆的一大特质是，主体建筑与自然环境浑融一体，互相共鸣，周围环境仿佛是它的一种自然延伸，它的存在与姿态，又仿佛是对自然世界与天籁的一种谛听与共鸣。

　　北京当代艺术馆的理性而又合乎公益的到达方式是：乘坐地铁1号线在国贸站下车，出站换乘开往宋庄方向的808路、809路公交车，在小堡商业广场站下车，然后向北从螺苑艺术区路口向东步行约1公里即到。

色调与几何的并呈

北京当代艺术馆之外观带着某种超现实的色彩。

片甲不留

片甲不留艺术展

个展中的内外场景

内里场景

体现着维度与特殊表情的装置艺术

原创博展艺术中心

　　原创博展艺术中心是宋庄所有艺术展馆中功能极为综合、极具特色的一个艺术空间。该中心由南北两大独立的空间组合而成。与不少美术馆或艺术馆不同，该中心既举办美术展览，也做音乐表演活动、戏剧活动，此外偶尔还进行一些诗歌交流、电影放映及合唱培训等。凡是跟艺术沾边的东西，这里概不拒绝。该中心的整个空间面貌十分前卫，除了到处可见的光效与装置元素外，向东的一面墙上通体所书写的哲学名著——罗尔斯的《正义论》中的不少思想话语，成了该中心在直观印象上区别于当代北京其他任何艺术场馆的最显著表征。严格意义上讲，该中心并不属于美术馆方面的建筑，而是由若干个大小不等的厂房式的建筑组构而成，这同时也赋予了它一种开放性的存在特性。

　　而今，该中心与上上国际美术馆、宋庄美术馆、北京当代艺术馆一道，共同构成着当代宋庄的一道前卫风景。这四大场馆在各类活动中，越来越扮演着举足轻重的场地角色，同时，其存在本质又在昼夜彰显着一种特殊的表情与姿影。

　　原创博展艺术中心的理性而又合乎公益的到达方式是：乘坐地铁 1 号线在国贸站下车，出站换乘开往宋庄方向的 808 路、809 路公交车，在艺术东区站下车，然后向北步行约 100 米即到。

整个一面山墙上书写着罗尔斯的世界名著《正义论》中的哲理名句，成了原创博展艺术中心的一道最耀眼夺目的风景。

外部姿影

今日美术馆

今日美术馆是北京一个较为老字号的前卫美术馆，它地处 CBD 边缘，虽然内部的展览面积有限，然而其外观形象却令人过目难忘，其整个建筑语言从空间构成、材料，到精神、内核都是较具理念色彩的。今日美术馆还曾扮演着某种当代艺术策展者之练兵场的角色，像赵树林等一批职业策划者，都曾在此历兵秣马。

今日美术馆在外观形象上的一大特质，是其入口处的某种工业化场景与实验"剧场"场景，观众皆需脚踏铿锵作响的金字塔式的铁皮斜坡，方才能进入美术馆内里。这个金属斜坡及其上的呈"之"字形的人行通道，既透着一种后工业化色彩，又透着某种时空感，同时还彰显着一种极简主义的特征，故而成了今日美术馆的一道难以替代的当代风景。

今日美术馆除举办美展以外，还常做一些对话与交流活动。其中，2004 年所举办的"苍鑫艺术大展"是该馆迄今所举办过的最具冲击力的一次美展。

今日美术馆的理性而又合乎公益的到达方式是：乘坐地铁 10 号线在双井站下车，出站换乘专 5 路公交车，到苹果社区下车，向北步行约 500 米即到；或直接从国贸、大望路乘坐出租车前往。

虽然，今日美术馆外观中也一直充满着十分媚俗的元素构成，但撇开
这些不足，它在特殊时期所扮演的特殊角色还是毋庸置疑的。

材料、角度与构成

今日美术馆的金属斜坡与"之"字形人行通道，彰显着它的存在个性与奇异形影。

当代表情与前卫形影

外观形影之一

中央美术学院美术馆之海龟形影

　　中央美术学院美术馆是 2008 年秋才落成的，它的通体砌满青灰石片的椭圆形外壳，使其宛若一个巨大的海龟横卧于美院的周栏之内。此建筑由享誉世界的日本建筑大师矶崎新设计。虽然在中国美术馆领域所有建筑的设计中，此设计者的名气在国际上最大，然而其实际效果与审美感觉，却与世人对它的期望值相去甚远。从专业上来讲，该馆存有的根本问题是，视界过于封闭而压抑，空间缺乏通透感与畅爽感，从而与建筑所应被赋予的存在意义和实用功能显得格格不入；另一个显而易见的问题是，大多数展厅的空间面积都过于狭小，从而给观者对展览作品的欣赏人为地造成了不便与障碍。

　　总之，憨朴有余而灵动不足，写实有余而诗意不足，曲率有余而视界不畅，颠覆有余而建构不足，微观有余而宏观不足，繁复有余而气度不足，功能有余而呼吸不足，凡此种种，皆使其作为某种标志性的意义受到了根本性削弱。缘此，其设计连同整个中央美院充满压抑感的设计，如果不是一种失败之作的话，也至少不是一种具有说服力的成功之作。

　　虽然存在上述诸多缺憾，但作为一种革新之举，该美术馆的诞生还是具有一定颠覆性的，它作为一个不太成功、有待反思和改进的前卫建筑之存在意义，还是不乏其有的。

　　中央美术学院美术馆的理性而又合乎公益的到达方式是：乘坐地铁 10 号线在太阳宫站下车，出站换乘 476 路公交车，到花家地西里二区站下车，前行约 300 米即到。

外观形影之二

外观形影之三

内部形影

印度艺术家巴拉特之妹妹丽金的雕塑作品《自由》展现场印象

树美术馆之剧场表情
与诗意呼吸

　　树美术馆是宋庄新近涌现的一个颇具特色、颇不寻常的综合艺术馆。鲜明的实验剧场式的设计理念，是其一大表征，同时杂糅有浓厚的后现代主义色彩及浓厚的古典风范，是其另一大表征。显而易见，树美术馆试图在东方与西方、古典与当代、实验与实用、形而上与形而下之间，探觅和扮演一种特别的存在角色，并对当代艺术场馆做出一种全新的定义，赋予其一种诗意的呼吸。

　　树美术馆的理性而又合乎公益的到达方式为：地铁国贸站换乘 808 路、809 路公交车，在艺术东区站下车，往北前行约 4 分钟即到。

建筑语言的抒情诗意

第 4 章
Chapter 4

中心表情与光影律动：天安门广场之季节歌谣
Look of the Center & Rhythm of Shadow:
Seasonal Ballads of Tiananmen Square

概 述

通常，对国人与海外人士而言，来北京至少应该去两个地方：一为天安门广场，二为长城，否则便可能不算来过北京。可见，天安门广场是多么地值得关注。

天安门广场所具有的不可替代的象征意义和重要性在于：第一，以天安门为代表的一系列古建筑群，距今已有五百九十多载的沧桑岁月。从历史上讲，天安门连同古都北京都是皇权的象征，是元、明、清数百年间古代东方文明之中心。虽然它不及罗马拥有那么悠久的历史，但它所拥有的五百九十多载岁月依然赖以为傲。天安门及其前后庞大的古建筑群，而今依然在世界建筑史上占据着无比重要的地位。第二，天安门前的特殊空间是近现代中国革命之舞台中心，五四运动及 20 世纪 60 年代对国际大众而言极具波普意义的红色运动等，都曾将天安门广场推向了举国乃至举世聚焦的特殊位置。第三，由于特殊的空间构成与古今对比，置身于此，它极容易让人陷入思考状态，容易让人浮想联翩，就是说它易于赋予人们一种新的精神状态与思想情态。第四，在日益膨胀、拥挤而压抑的城市化的当今，置身于此，它能给人带来某种放松感，因为它较为旷阔，而今天安门广场依然是世界最大的城市中心广场之一。第五，无数的图片、电影资料对人们的跨年代影响，使得今人对它的印象一直挥之不去，特别是 20 世纪 60 年代的铺天盖地的历史影像资料，在持续不断地激发着一种今人对它的冲动感与某种好奇感。第六，它与生俱来便透射着一种肃穆感与凝重感，这种感觉在平面化的全球化时代对

世人较为稀缺而较具诱惑力。最后，电视媒体连篇累牍地播映国家元首在此检阅军队与游行队伍的浩大场面对世人的影响与触动，使世人大都想亲临现场以目睹其真容。

本章内容在致力于综合表达出上述多维情状的同时，更致力于表达一种色彩与光影的交织和律动之于天安门广场的令人目眩的视觉效果。亦即是说，本书在进行历史叙述的同时，更致力于表达一种纯视觉层面的超越历史、文化与意识形态的东西，这种东西显然更为本质。在此基础上，本书竭力搜寻每一个特殊的视角，竭力赋予几乎谁都直接或间接感受过的天安门广场一种新颖无比的视觉印象与心灵印象。

数代人以来，国人所传达给世人的天安门广场之印象，大都是阳光灿烂式的，而今，随着大气污染的加剧，诸多媒体又喜欢将一种阴霾遮天的景象频频传达给世人（这种画面在《参考消息》等媒体上已是屡见不鲜）。上述两种做法对天安门广场之真情实态而言，都是不全面的。天安门广场是一个四季分明、极具空间个性的特殊场域，阳光灿烂与阴霾遮天仅是其两种景象，除此之外，不管是令人心动的还是令人心烦的东西，如白雪皑皑的醉人时刻和夏日的"桑拿"时节，都是年复一年的一种客观存在。这些景象都在构成着它的多侧面形影。无论你喜欢与否，无论你怀抱着怎样的心态，在天安门广场这处都市中心不用走出城市便能感受到一种旷阔，体味到一种历史纵深，特别是能够读解到一种极其复杂的时代神情，这些都是毋庸置疑的存在

现实，这无疑在构成着它的无与伦比的魅力。

天安门广场之另一大魅力，则鲜明地体现在它的某种舞台感上。在这个庞大无比的"舞台"上，一年 365 天，除了盛大活动与会议外，几乎每天都能看到中国各地及世界各地之人们的身影。在此意义上，天安门广场又是一个由五颜六色的衣服与不同肤色，及多彩语种形成的和声所交织而成的海洋，这个海洋充满着特别的气息，散发着某种磁力。

当然，遗憾之处也并非完全没有。与往昔不同，这些年来，每日一到夕阳西下，天幕还未全黑，广场便立即清场，所有游人都必须离开，庞大的广场除了警卫人员外，立即变成了一个空空荡荡的区域，而不像往昔那样，每当夜幕降临后，人们可以继续在此徜徉，甚至可在此放风筝、滑旱冰，或席地而坐读书看报，直到夜深。尽管如此，这处充满着特殊气息和氛围的地方，依然在日复一日、年复一年地吸引着中国各地与世界各地的人们。

而从另一层意义上，即从光影、色彩和空间格局上来讲，天安门广场的确不失为一个提亮视界、具有强烈视觉冲击力的地方，进而它又是一个为无数摄影家和摄影爱好者所持续着迷的地方。从光影上来讲，由于视野开阔，只要天气良好，每日从日出到日落的这种光影的大尺度的环绕，在广场都能明晰地感受得到。同时，日光投射在广场一系列几何感极强的硕大建筑物上的光影，每时每刻又都在发生着缓慢而又显著的变化，亮面与暗面从早到晚的交替与变化及其物理现象，使整个广场仿佛成了某种巨大的光学的试验场。从色彩上来讲，广场主

要由深红色调与灰色调这两种大的色调构成，这种大面积地交织而成的色调语言，赋予了广场凝重而肃穆的特殊氛围。

然而，几年前，在纪念碑北面两侧，突然修建起了两堵近百米宽的巨幅屏幕广告墙，昼夜都在散发着耀眼刺目的光影。就色调与气氛而言，这种刺目色调与整个天安门广场的古朴色调及凝重氛围并不吻合。从空间格局上来讲，它又大范围地阻挡了从纪念碑南侧眺望天安门城楼的视野，从而对天安门广场之应有氛围、宏大空间格局与气度而言，显然并无裨益。

虽然存在上述些许缺憾，文化因素、历史因素及某种象征意义，使得天安门广场之于整个当代中国乃至当代世界之意义，显然是不容低估和不可替代的。本书主要是从光影、色彩、季节、空间构成及诸多在电视新闻中极少见到的真情实景之视角切入而予以艺术表现的，相信一系列珍贵的画面，会赋予你一种全新的天安门广场之心灵印象。

天安门广场的理性而又合乎公益的到达方式是：乘坐地铁 1 号线在天安门东站或天安门西站下车，从南口出站即到；或乘坐地铁 2 号线在前门站下车，出站往北步行即到。

夜与昼

表情与光影

节日浓装

团结万岁

色彩的海洋

驻足流连
世界各地的游客都希望在天安门及附近留下一个难忘的瞬间

落日时分

落日时分往往是天安门广场色彩最为艳丽的时刻

秋

宛如油画

　　偶尔，天安门广场之秋空会呈现出一种极具表现主义意味的油画效果来。这幅作品中，其整个色调语言
与艺术表现力显然已超越了摄影艺术，而与油画艺术与诗歌艺术更为接近。

立体景象

圆梦

我来到了天安门广场。

秋日之喁语

冬

阳光灿烂的瑞雪时刻

　　天安门广场之一大景象特征是，季节分明，各种天气与气象交替呈现，色彩纷呈，从无比令人心动的到恰恰相反的天气景象，一年当中在此都可碰到。故而，其总体景象极富戏剧化色彩与电影般的情景。其中，瑞雪降临，特别是雪霁阳光灿烂、银装素裹的时刻，通常是天安门城楼及天安门广场一年当中最为宜人、最令人心潮澎湃的时刻。同时，此时此刻也往往是一年当中天安门广场能见度最好、层次感最分明、空气最清新的时刻。虽然这种景象很难碰到，且持续时间较短，但惟其如此，就显得更为难得而令人痴醉。图为2013年初所恰逢的银装素裹的天安门及天安门广场之动人景象。

相拥在此刻

白雪皑皑的冬日景象
天安门广场仿佛被披上了一层巨大的棉被。

馈赠

冰雪覆盖

春

桃花盛装

桃花盛开的鲜艳画面，在世人的习惯印象中也较为少见。

春情荡漾，姿影动人。

春意盎然

岁岁年年

沙尘天气

沙尘天气的物理现象与特征

与雾霾、"桑拿"天气一道，沙尘天气也是十多年来天安门广场上常常出现的一种有碍观瞻的特殊景象。不过，与雾霾和"桑拿"不同，沙尘天气的病源来自遥远的北方。可喜的是，经过有关部门的努力，近些年来，沙尘现象已有所好转。图为天安门广场在2010年春所遭遇的沙尘景象，及一些媒体对它的报道之资料图片。

进入21世纪以来，每逢三月北京几乎都会遭遇一场规模不等的扬尘或沙尘，有时甚至还会遭到尘暴。右上图为一些主流媒体对一场沙尘的头版报道，左侧三图为扬尘笼罩下的天安门广场之实际情景。从2000年至今，扬尘、沙尘、尘暴天气，已成为北京的家常便饭，经过治理，近几年已有所好转。

"桑拿" 时节

日当午

战"桑拿"

"桑拿" 天气的物理现象与特征

　　这些年来，几乎每年北京都会遭遇近两个月之久的"桑拿"天气。与雾霾和沙尘天气不同，"桑拿"天气通常出现在每年的七、八月份。"桑拿"天气的一大表征是，持续闷热、少风、少雨、少晴朗、少阳光，并且还伴随着一定程度的空气污染，从而致使人体毛孔难以打开而难忍无比，甚至致使人的头发紧贴脖颈，衣服如胶似泥。每逢这个时节，每日十多次的从头到脚的冷水冲洗，是最为有效的抗御之法与解决之途。图为天安门广场及天安门城楼前的"桑拿"景象。

雾霾天气

雾霾天气的物理现象与特征

　　雾霾是这些年来北京所出现的另一种令人心烦的特殊天气。每逢此时，全城的能见度极低，污染加剧，从而导致人们心情抑郁而情绪低落。特别是2013年年初的持续了一个多月的雾霾天气，是这些年来北京所遭遇到的最严重、持续时间最久的雾霾天气，因此又一度成了各大主流媒体之头版头条内容。雾霾天气与沙尘天气的区别在于，前者的"病源"来自内部，而后者则主要来自他处；前者在一年之中的任何季节都可能出现，而后者，则主要出现在每年的三四月份。共同之处是，两者常常都伴随着严重的空气污染，从而每每使环境与市容遭受到巨大的危害，并致使人们的健康、心理与情绪遭遇巨大挑战与考验。不言而喻，难以驱除、久漫不去的雾霾问题，而今已成为摆在首都每个人面前的对其健康与心理构成严峻挑战的、亟待根治的突出问题[①]。图为笼罩在大片雾霾之中的天安门广场之情景。

---

　　① 2013年1月，长时间、大范围地笼罩中国的雾霾问题，一时间成为许多中国媒体甚至也包括不少世界媒体所高度关注的一大严峻问题。包括CCTV、《人民日报》、《环球时报》在内的一系列主流媒体，都客观真实地报道了这次近乎于灾难性的天气，这种反应与呼声之甚，此前是不多见的。此现象表明：第一，当时这个事件本身的确非常严重，的确值得方方面面为之做出鲜明的反应与反思；第二，当今的各大主流媒体越来越敢讲真话了，越来越具有某种独立精神了，同时，全社会对媒体也越来越包容了，甚至政府部门也越来越愿意倾听其"尖锐批评"了。总之，对此事件的披露与报道，在一定程度上显然表明了社会的某种开明与进步。以下是各大主流媒体在当时的头版头条之标题重现：《雾霾笼罩中东部》（《人民日报》）、《北京变成"云中的城市" 雾霾肆虐上百万公里：空气灾难挑战中国政府》（《环球时报》）、《战雾霾》（《京华时报》）、《北京上午再发霾黄色预警》（《北京晚报》）、《战雾霾启动更严减排措施》（《新京报》）。其中，《环球时报》在以上述标题为头版头条的内容（即在2013年1月30日头版）中，做了如下相关的报道，报道援引美国彭博社29日新闻说，"北京空气质量28日又一次达到了严重污染的程度，当晚20时天安门广场PM2.5指数达到370，而世界卫生组织推荐的健康指数只有25"。报道还说，"北京市气象局29日消息称，2013年1月1日至29日，北京南郊观象台雾霾天数为24天，仅5天无霾"。报道还援引日本《产经新闻》29日的报道说，"不只是北京，中国中东部130万平方公里的广大地区都困在有毒雾霾之中"，"受影响面积比日本国土的3倍还大"；报道还援引美国《财富》杂志28日之刊文说，"中国民众对'不惜一切代价发展经济'政策的包容性正在下降，现在就看政府是否会采取实际行动了"。

极端气象的考验

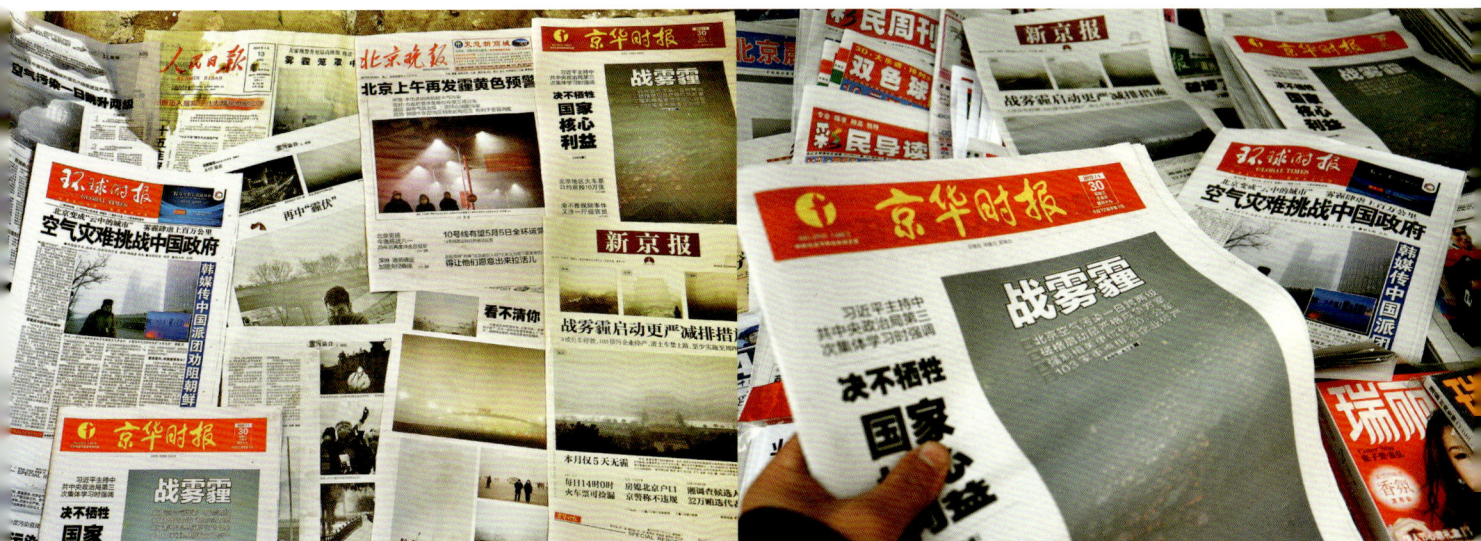

见诸报端

季节之于武警姿影

形象之于形象

不管是烈日炎炎的盛夏，还是朔风凛冽的酷冬，抑或是沙尘与雾霾天气，在天安门广场出现概率最高并且姿影也最为挺拔而英武的人，就是这里的卫士——武警之姿影了。而今，天安门广场的武警们正以一流的姿态、气质与行头，向举世彰显着一种全新的形象。

季节之歌谣
　　每个季节，武警战士都在以他们的笔挺姿影演绎着一种动人的风采与英雄的歌谣。

英姿勃发

本章附录：天安门百年历史沿革[1]

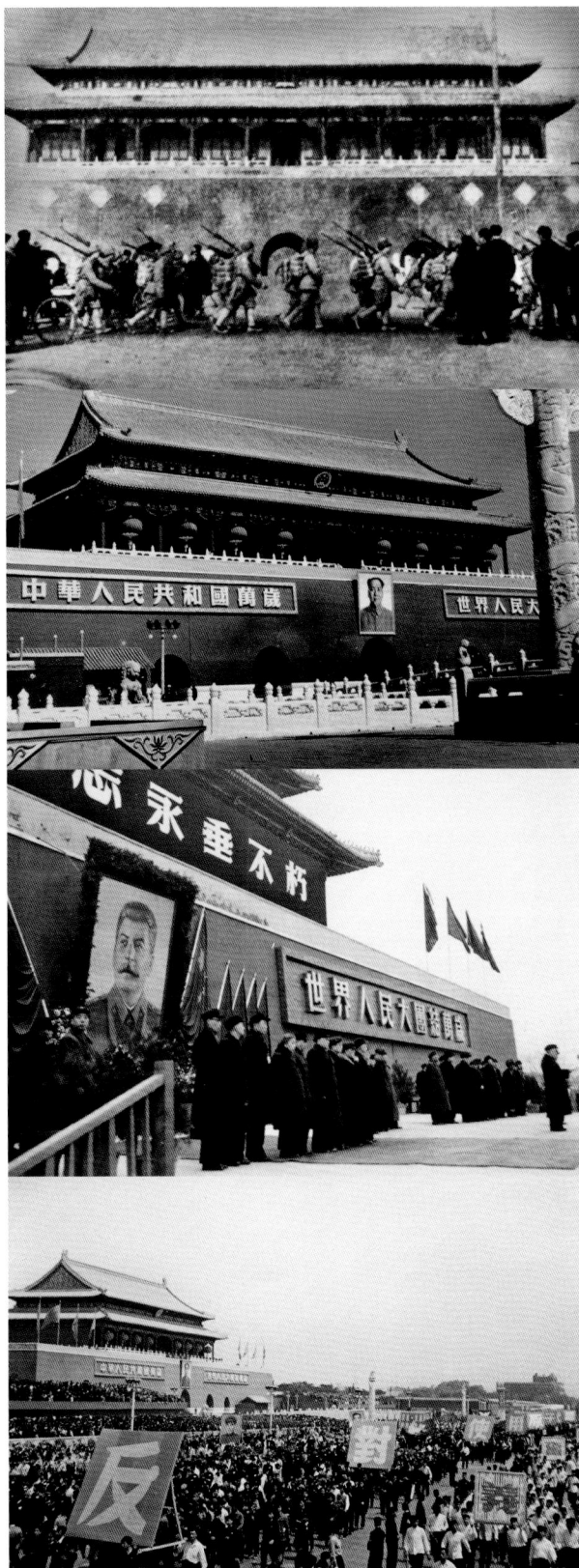

第 5 章
Chapter 5

极限体验：箭扣长城之九霄奇观
Ultimate Experience: Marvelous Spectacle of
Jiankou Great Wall

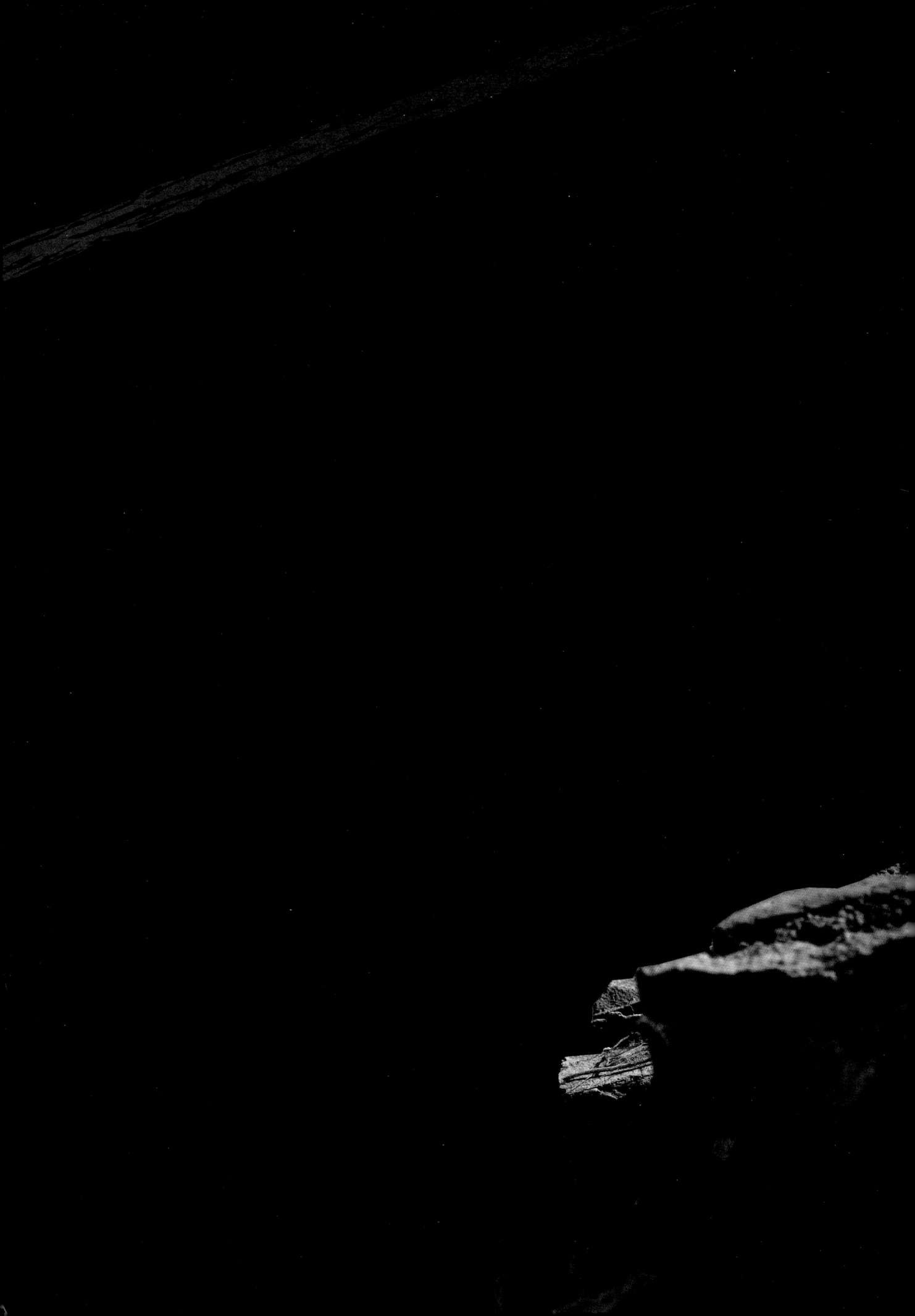

概 述

千年之交，即 1999 年 10 月，笔者曾两度攀登过远离古都北京的司马台长城，深为司马台长城之险恶与超拔所折服，以至于其后再攀登了诸如武当山、华山（号称"天下第一险"）、峨眉山等名山，皆感到有些如履平地，是故，一直以来，心中都将地处燕山之司马台当作了天下第一险山。

直到 2011 年 11 月 10 日至 11 日，笔者偶然攀登了箭扣长城之后，又深深认识到地处怀柔西北面的箭扣长城，才可能真正算得上是"天下第一险"。当然，攀登、寻访箭扣长城，不同于专业攀岩、攀厦（比如攀登金茂大厦），就绝对难度而言，可能后者会更胜一筹，然而，专业攀岩、攀厦往往都是有保护性的，即攀登者身上往往都挂着自我保护的绳索等，一旦滑脱、跌落，不至于粉身碎骨，且攀登者往往又都全套装备，从登山鞋、登山服、护膝、头盔，到绳索、专业工具、卫星电话等一应俱全，故，从这个角度来讲，专业攀岩、攀厦还似乎更安全、更容易一些。缘此，就无保护的登山、攀爬而言，攀登、征服箭扣长城之最险峻的段落（约需 6 小时）至少是人生所面临的最具挑战性与风险性的情形之一，它既是对人的体能的严峻考验，更是对人的意志力、冒险精神与直觉的严峻考验。

而从另一层意义上来讲，盘踞在悬崖峭壁之上的箭扣长城，在具有显而易见的实用功能，即古代的军事功能之价值的同时，还具有着无可争议、难以比拟的审美价值。它所具有的审美价值，对全人类亘古及今的一切文明奇迹、人造景观而言，能够与其比肩者也寥若晨星，特别是对于我们这个亘古将中庸、阴柔推崇为至上的审美法则与存在之道的文明古国而言，箭扣长城所具有的险峻、超迈、崇高、苍凉与沧桑之美，是极具颠覆性的。想必，诗仙李白假如曾登过箭扣，那么，那首千古绝唱就很可能不再是《蜀道难》，而可能是"箭扣难"了！缘此，今人进而以崭新的影像语言之方式，将箭扣的雄姿永恒地定格于时代画卷，烙印在时空之颜，对整个精神史而言，显然是意义非凡的。

在山下，从远方抬望眼极目远眺箭扣长城是一回事，而沿着具有一定难度的崎岖山脊登上正北楼放眼眺望，则是另一回事。特别是，从山麓沿着箭扣之山门，登上箭扣要隘，再从箭扣要隘历尽千辛万苦，顺着蜿蜒无尽的残垣断壁奋力攀登，最终抵达正北楼，甚至再抵达慕田峪，则必然是一种惊心动魄、荡气回肠的全新体验。

确乎如此，箭扣长城仿佛是修建于直插苍穹的一座座峭壁之巅，有些地方的奇险程度，想必连走兽也难攀越，只有飞鸟才可自如地往返翱翔。如果说，在十多里以外的公路上抬望眼远观箭扣，由于其姿影若隐若现，因而赋予人的感觉更多的是诗意盎然而缥缈无限的话，那么，从山脚下逐级攀升，则是这样一种全新的、异乎寻常的体验：但见一座座陡峭得令人难以置信的山崖顶上，高筑着一个个古老而极具几何感的箭垛，此情此景因太过有违常理而不可思议，以至于让人不由感到那种奇观是否只是一种模型而非实物。一瞬间，那种造型印象还有些宛如山巅上摞着的一块块切割规整的巧克力！的确，抬眼远眺，山顶上的几处箭垛恰似大制作的电影中所搭建的布景，或是由 3D 动画所营造的骇异奇观，直到穿过丛丛荆棘，爬着悬崖抵临山顶，当一堵实实在在的、由一块块巨石砌成的古墙赫然矗立于眼前之时，才让人感到这的确是实实在在的万里长城，而非某种模型与布景！

攀登箭扣长城之全程的整个传奇经历，当然需要一篇或一部专门的文献来叙述，本文只想昭告世人的是，箭扣长城是一处被近现代中华文明所遗忘的角落。此种遗忘既悲又喜，悲在吾国吾民之精神由于长期以来匮乏这种力度的冲击、意象的升华而变得越来越乏力；喜在正是这种遗忘，才使这处而今几乎唯一尚存的古老遗址几乎不受任何人为破坏、不受任何商业污染地得以原汁原味地保全。无疑，箭扣长城所禀有的这种精神风景与心灵风景，是当今的一系列精神圣地都难以企及的，它几乎是当今仅存的一处净土。它的鬼斧神工与某种形而上精神及所笼罩的神秘气息是如此不可思议，以至像金字塔一样，不由令人感到它到底是人间奇迹，还是外星文明所意外馈赐之结果。

箭扣长城地处燕京怀柔区境内的西北侧约 60 里处的一片崇山峻岭之上。这片崇山峻岭，仿佛不是由地质年代地壳演化而慢慢生成的，而是由龙爪或虎爪一爪抓成的。缘此，箭扣长城及其所处的整个山势地貌，就审美向度而言，完全是一种大手笔的，是一种野兽派式的！这种狂野不羁的、极富表现力与张力感的存在，虽然在中国历史的中后期慢慢消逝无踪，而其在中前期，即在先秦、西汉至南朝这段历史时期还是不乏其有而常常令人心潮澎湃的。

毋庸置疑，高筑于燕山山脉巍峨山巅之上的箭扣长城、司马台长城与八达岭长城，是万里长城中最具代表性的三个段落与三处文化风景。它们三位一体性地变奏着长城的雄浑诗章，构成着长城的灵魂风景。三者之区别在于：就今日世界而言，八达岭长城的功能与价值主要体现在，它是长城之于当代世界的展示平台，攀登八达岭长城之难度，与你上下某些漫长的地铁台阶相差无几，且它还设有缆车，因其交通便利、坡度舒缓且距城市最近因而海内外老少皆宜。八达岭长城虽然不失雄浑、霸气，但由于不断翻修而使其历史颜容大打折扣，加之缺乏鲜明个性并弥漫着日益严重的商业气息，这些都使其魅力日减。

较之八达岭长城，司马台长城与箭扣长城则表现出了一种全然不同的存在景象，从某种意义上讲，两者代表了万里长城的风骨、神韵与气象所在。详细观之，虽然两者都极具个性、神秘性与不可思议

性，就某一最具代表性的段落而言，两者又都各有千秋，不分伯仲。但就总体段落和山势所合成的全部乐章而言，箭扣长城的险峻感要超过司马台长城。形象地讲，司马台长城的高潮部分固然令人心潮澎湃，但却仅有两处（即天梯和天桥两处），而箭扣长城却始终是高潮迭起、险象环生、山重水复、柳暗花明，缘此，就总体而言，箭扣长城显然具有着更强的张力、更大的人文价值与精神价值，它更具诱惑力，更具审美体验感，更具探险价值。只因箭扣长城与司马台长城此两者距京城中心较远，交通不便，且过于陡峭，故此，今天的人们对它们的认知相对较少，甚至总体上尚处空白状态。惟其如此，本画册的诞生，特别是其中对一系列无比险要场景的零距离拍摄，对丰富世人对整个万里长城的完整印象而言，也许是弥足珍贵的。

为了最大限度地保护环境，笔者建议请放弃自驾车而选择公交车前往。箭扣之总体风光充满着如诗的气象，箭扣一带虽然幽僻，但并不荒凉。箭扣山麓有诸多农家小院，夜晚可头枕涛声而卧，消费低廉，可投宿。从山脚（山门）向上攀登到达箭扣长城之要隘豁口，约需两个小时十五分钟（以不快不慢的速度），而后可开始奇妙的人生历险。以上为南坡路线，即前箭扣路线。后箭扣与其大同小异，不同的是，那条路线只需 40 分钟，就可从后坡坡底爬到箭扣之要隘豁口，这条线路由于太过轻松而丧失了诸多意义，它更适合充满豪情的老年人之路线选择。

最后需要特别提请注意的是，请历险者最好选择至少两人一同前往，以便相互照应。箭扣长城虽然笼罩着某种史前的魔幻色彩与神秘气息，令人不禁生发出"箭扣之难，难于上青天"的慨叹，然而，实际上其每一个几乎是耸入云天的箭垛都可攀达，当然，这的确需要英雄的胆略与超人的精神意志，

以及相应的体能和直觉。请诸君切莫像笔者一样孤身前往（笔者首次攀登是在手机没电，食物与水都为零又对路径一无所知的情况下，孤身冒险攀爬而侥幸取得成功的，其后有五次又都是在夜幕降临之后，在无任何照明设备帮助的情况下，从山崖顶端摸黑爬下山的）。毕竟，生命对每个人都仅有一次，理当珍惜才是。但一味珍惜、一味养生而不知去最大限度地实现生命的能量迸发与裂变，也显然是一种对生命的极度不珍惜、极度浪费，而攀登箭扣长城正是将在世生命化为动人乐章之重要表征。

以上对八达岭长城、司马台长城与箭扣长城的评述，亦可以如下小结来总括：

八达岭长城：雄浑而霸气（老少咸宜）；

司马台长城：险恶而可怖（只适合挑战者）；

箭扣长城：险峻而迷幻（只适合冒险者）。

总之，在万里长城的无数景观中，箭扣长城显然拥有着最为超乎寻常的风光与景观，它更奇特、更具艺术性、更充满想象力，这段长城遗迹，更适合怀古、探险与摄影，也更适合进行人生之自我挑战。

箭扣长城的理性而又合乎公益的到达方式是：乘坐地铁2号线在东直门站下车，出站沿路北向东60米，进入东直门长途汽车站，乘916路公交车，在怀柔北大街站下车，而后到马路对面或换乘半个小时一趟的途经辛营的公交车，或结伴包租路边私车到辛营下车，而后向北步行约半个小时，即到箭扣山脚下；也可直接从怀柔北大街包租私车直达箭扣山脚下（只是费用要贵许多）。

雄关漫道

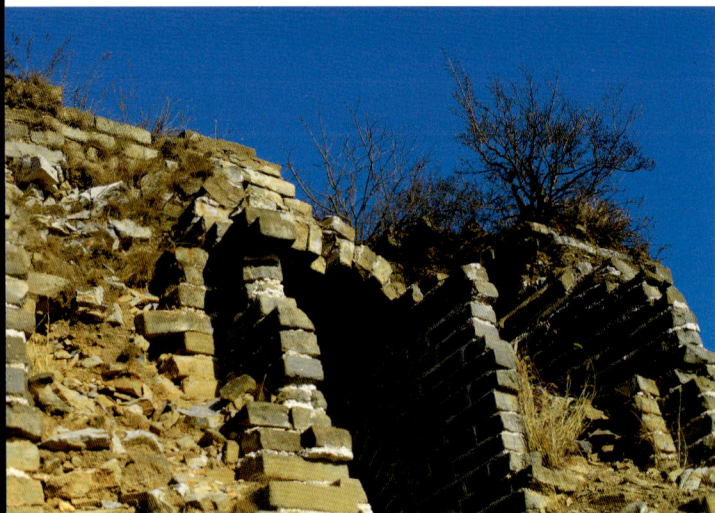

苍凉、沧桑、张力与狂野

　　箭扣长城的一大审美表征在于，它拥有无可比拟的苍凉之感与沧桑之美，从而能够充分彰显出一种人类精神的顽强张力与生命意志的狂野气象。

酷冬之背影
　　落日时分，箭扣长城之"骨架"晰现于山脊，留给视界一道难忘的背影。

风雪年华

千载神话

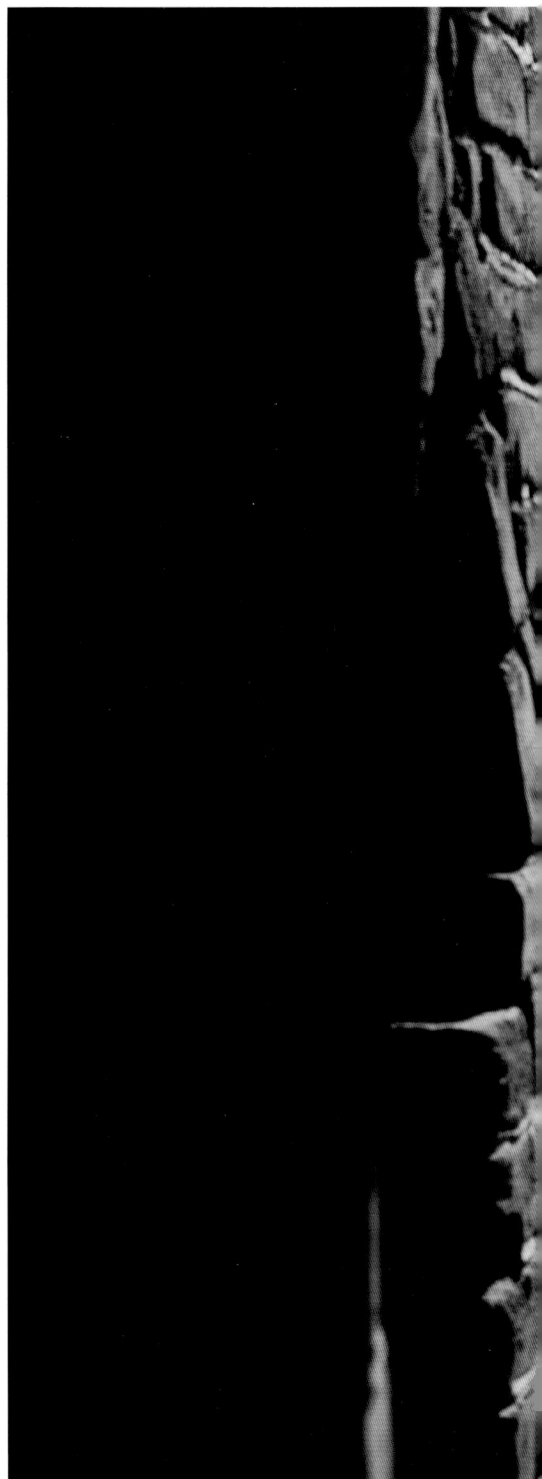

傲睨天下

旷然

幽寂

千秋奇观

如梦似幻·姿影翩翩

　　箭扣长城的一大特色，还在于其是如此地险峻，以至于如梦似幻，特别是在瑞雪神赐之时，每当此时此刻，会令人感到仿佛不是置身于世间，而是飘临于仙界。上面这幅画面的构图，刻意将左侧箭垛置于画面之天顶，从而去最大限度地强化一种张力效应与越界感。另外，画面中，一只鹰隼的蓦然出现，又为整个一切带来了一种极强的空间感与立体感。一切如花果山似地或 3D 电影似地令人荡气回肠而流连忘返。

白雪皑皑的箭扣姿影

犹在画中

绝伦之笔

　　箭扣姿影是如此地富于个性与戏剧张力，以至于最富想象力的画家常常都不免会感到自惭形秽，甚至会失去自信。它所有的一切，几乎皆为绝伦之笔，皆为神赐天降。

抽离·驰翔·天际

作品藉投射于断壁残垣上的被夕阳拉长而变形的人影，意在实现一种空间的重构、方向的交叉、虚实的交叠与界面的消解，从而去幻构某种苍茫无际的精神风景。

中国艺术家在长城

苍天

箭扣之险

箭扣故垒鹰难现，疑是弯弓挂霄汉。

鬼斧神工盖天下，虎踞龙盘燕山尖。

峰崖峥嵘江海翻，直插苍穹日月断。

磁场驱使步难停，孤身攀援魂半悬。

少年英雄开幕曲，中途已变类人猿。

心跳加速声若鼓，鲫鱼背上不敢看。

两个时辰攀上顶，抬眼已是斜阳残。

西天残阳东天月，同时映现如画卷。

蓦然残阳已西坠，山岗死寂孤影怜。

火速下山昼已息，夜幕降临径难辨。

身挂黑崖似蝙蝠，枯枝石缝将命衔。

连滚带爬终下山，恰似身披降落伞。

回首风黑月高寒，一任河涛拍心岸。

徘徊农家柴扉外，以手抚膺长嗟叹。

古来英雄莫过此，景阳打虎亦这般。

红尘滚滚阴阳颠，一朝醒来人影远。

挣脱漩涡西北去，挑战箭扣扮好汉。

箭扣险，箭扣难，难于蜀道上青天。

攀援尚如狮爬树，古人何以筑人间？

箭扣险，箭扣难，观其忆其如魔幻。

沧桑容颜撼千古，楚歌楚绪楚云天。

箭扣险，箭扣难，难于司马居庸关。

残垣断壁挂云絮，恰似苍茫火星颜。

箭扣险，箭扣难，傲睨天下城之冠。

空寂之国空寂影，时空长廊空自言。

寰球远逝犹未了，常使赤子泪潸然。

充盈之力与蒙太奇

　　这组纵向排列而构成的画面，以一种蒙太奇的特有方式，将一种阙如已久、失落千载的充盈之力与阳刚之美，重新映现并投映于心灵视界。画面藉箭扣长城的残垣断壁，及投射于其上的抽象阴影，有力地衬托了主体的英雄主义风采与风骨，并充分表达了人与自然时空、沧桑历史的形神合一与完美平衡。

149

第 6 章
Chapter 6

审美体验：八达岭长城之姿影与召唤
Aesthetic Experience: Picturesque and Calling
of Badaling Great Wall

概 述

　　本章内容也是一种兼具艺术欣赏与旅游指南性质的作品，它是第5章内容（即"极限体验：箭扣长城之九霄奇观"）的姊妹篇，大致分为：山舞银蛇、黑白印象、外国游人在长城、中国艺术家在长城这四个组成部分。

　　第一部分，所撷取的是山舞银蛇般的一系列长城姿影，此部分是对世人习以为常的八达岭长城印象的一种强化和再发掘，雄健之力、阳刚之美和磅礴之气势，为这个组成部分的表现核心。雪中长城的特殊风采，世人已领略过不少，但本章的一些画面，相信依然能让人倍感新鲜。

　　第二部分，集中表现的是大雪覆盖下的长城的一派苍凉景象与黑白印象。这部分画面的印象性较强，旨在刻画和凸显古长城的一种魂魄和内在精神，而从直观感受上来讲，作品显然还运用了某种实验水墨画的表现技巧，从而赋予了这组作品以难得的神韵和特质。

　　第三部分，所撷取的是诸多不远万里来到中国长城的外国游人在攀登长城中所留下的一个个难忘瞬间。作品中，蓝天白云的映衬、深秋艳阳的普照、丛丛红叶的"燃烧"，都使得这些游人的身影宛如电影蒙太奇的画面似地令人充满遐想。众所周知，长城是始建于公元前并在明朝时期又经过了大规模整修的气势恢弘的伟大工程。这项空前绝后的伟大工程，至少在明朝以前，几乎没有多少外国人领略过它的迷人风采。与往昔不同，而今，每天登八达岭长城的游人中，外国人的身影触目皆是。日复一日，五颜六色的人们在持续不断地丰富着长城的多彩画面，来自世界各地的人们，几乎没有不为长城的雄姿所深深折服的。本章的这部分内容藉助不少特殊人物的特殊情态与长城的光影效果，旨在造成一种古今与东西之鲜明对比，在古今与东西方浩瀚地域的时空穿越中，从而以极大的张力感赋予古长城以全新的印象与感觉。不可否认的是，在北京城区的古建筑日渐减少及中国全方位地被纳入全球化之全新版图的严峻情势下，唯有规模宏大的长城往往才最能赋予远道而来的国际友人以一种真正的异国、真正的异样文化的特殊感受。缘此，对今天的国际友人而言，那句"不到长城非好汉"的名言，也许应换作如下的名言才更为适宜，"长相思，长期盼，长城姿影萦心间，不到长城步难停，不到长城梦难圆！"

　　与以上情景迥异，第四部分，主要描绘的是中国的一些先锋艺术家在八达岭长城借肢体语言与长城互动的一些画面与情景。如前所述，当今可以作为古老东方之古老中国的最具代表性的文化符号，可以肯定地说，非长城莫属，殷墟、兵马俑等其他一切世界文化遗产，就其全方位的价值，特别是就其气象、精神、气势、时空感、审美意象与象征意义而言，均无法与长城比肩。惟其如此，一直以来，古老长城又成为当代中国艺术家（有时也包括西方艺术家）的寻梦圣地和现场创作圣地。本章内容在诸多在长城的现场作品中，选取了2011年5月至11月拍摄的一些作品，从而从一个侧面极大地丰富了长城的表现力，为其静穆的雄姿注入了充盈的节奏和狂野的动律。通常，舞蹈作品都是需要在特定的空间，即在剧场空间里来完成的，然而，我们却要颠覆这一金科玉律，大胆摒弃舞台，将舞蹈作品直接搬到长城上来进行一种全新的实验性表现。当然，我们搬来的舞蹈并非古典芭蕾或晚会型的东西，而是现代舞和中国古典舞，无论是现代舞，还是中国古典舞，都充满了浓厚的现代精神与巨大的表现潜能，故，将这种风格的作品移植到古长城上之所为绝非哗众取宠，而是恰如其分。而就朴素的视觉印象而言，作品中，舞者的肢体语言及在色彩与造型上都无比夸张的服饰，显然是在将长城的悠远之梦带向一种全新的、充满鲜活动感的理想国度。

赴八达岭长城的理性而又合乎公益的到达方式是：乘坐地铁2号线在积水潭站下车，出站步行至德胜门箭楼北侧，换乘919路等北京至延庆途经八达岭的公交车，在八达岭站下车，往南步行约400米即到；或在上述同一地点换乘877路德胜门直达八达岭长城的公交车，在八达岭下车后，向北步行约400米即到。

风采依旧

旷寂

墨梦显映

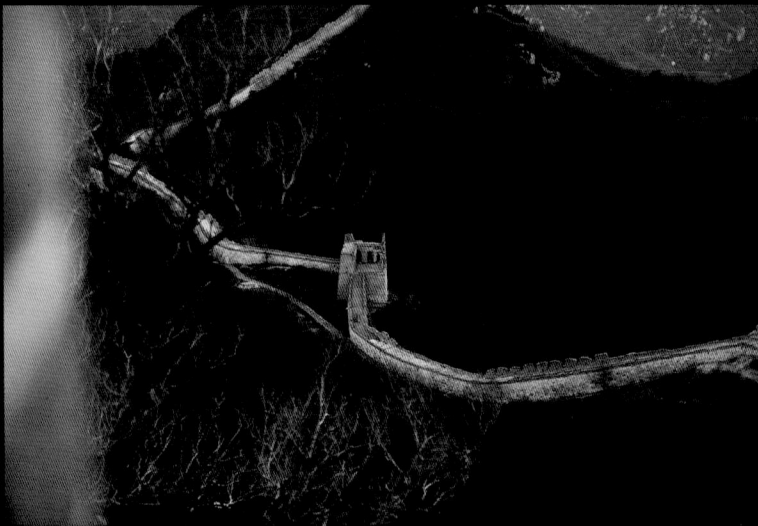

黑白印象

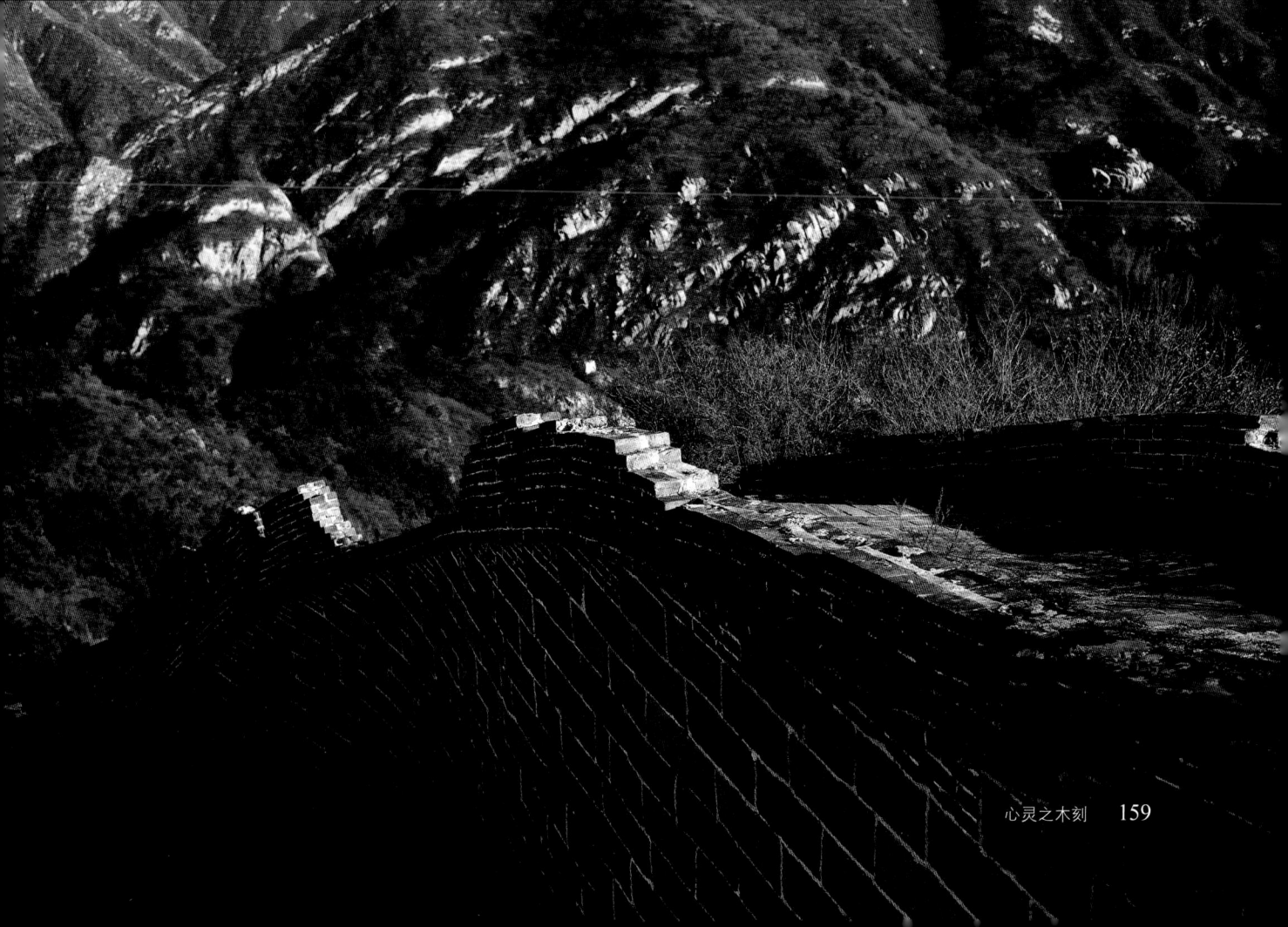

外国游人在长城

虔诚与畅爽

　　大多数外国人在登长城之时，还是较为虔诚的，对他们来说，仿佛游览仅是目的之一，而虔诚寻觅，全身心地融入一种时空与气象，并在本真情态之中去最大限度地感受一种畅爽，才是其攀登长城的主要祈愿。

"念天地之悠悠"

中国艺术家在长城

跨越千载之东方新颜

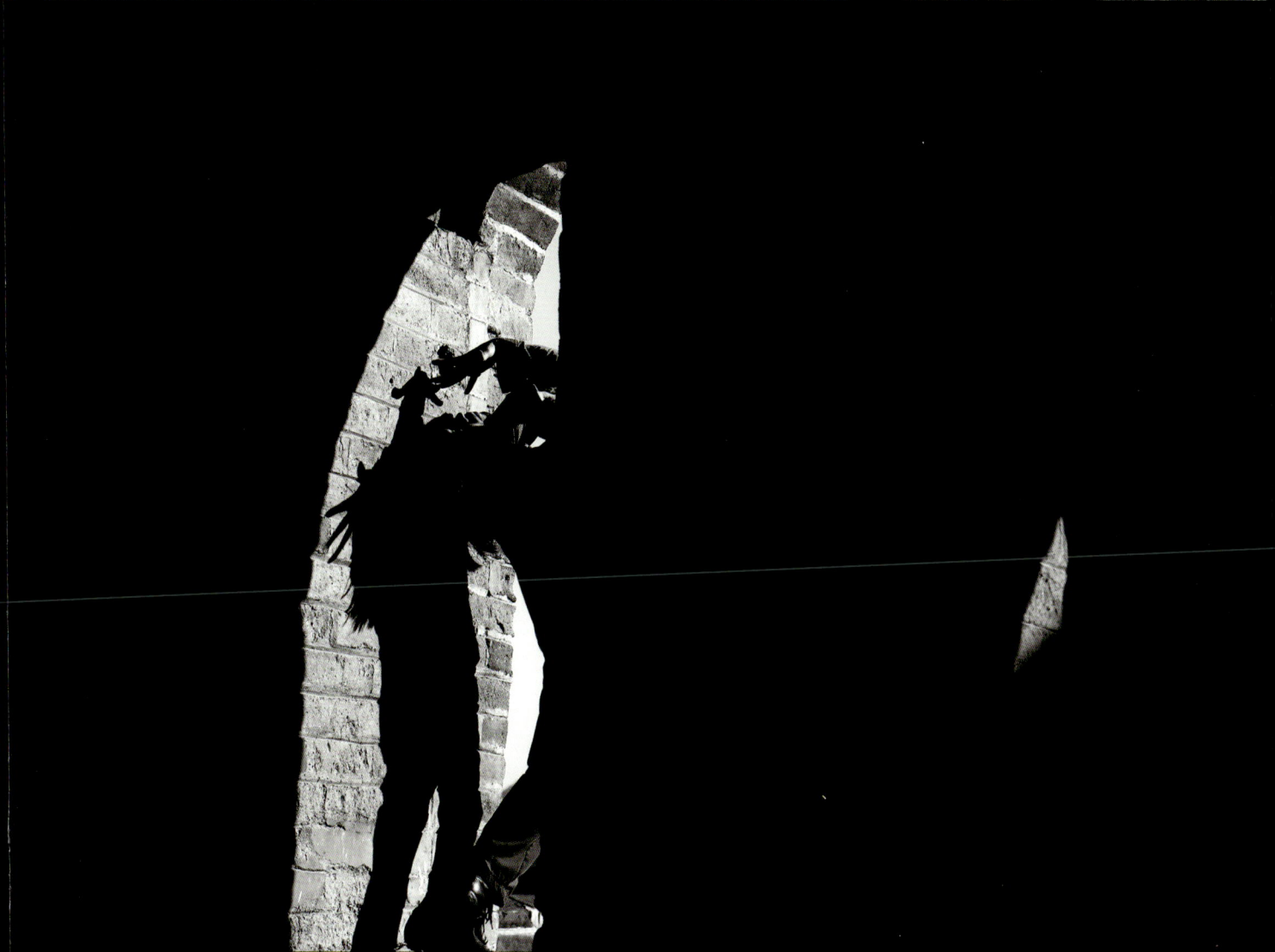

时空写意

第 7 章
Chapter 7

画卷体验：金山岭长城之色彩印象
Scroll Painting Experience: Colorful Impression
of Jinshanling Great Wall

概 述

西起古北口、东至望京楼、全长 20 里左右的金山岭长城，显然是万里长城中的一个不可或缺的篇章。蜿蜒起伏于海拔 700 米左右的山脊上的金山岭长城，是国家的 4A 级景区。因它既不像八达岭长城那样游人如织且被修缮过分，又不像箭扣长城与司马台长城那样虽然雄奇、险峻，却"难于上青天"！因而令人许多人望而却步，望而生畏！缘此，它拥有诸多耳熟能详的长城景区所无法具有的优势与看点，从而使其在这些年来日益为世人所青睐——特别是无数的专业摄影家与摄影发烧友。

金山岭长城四季分明，在每个季节都有其独特的色彩呈现与姿影绽现，其姿影既似流水般跌宕起伏、蜿蜒无尽，又巍峨雄奇而坚实有力，同时，其整个走势及所处地貌又开阔无比，极目远眺，在司马台长城那惊险万分的姿影的映衬中，又常常显得气象万千，有时甚至是荡气回肠。金山岭长城的一大显著表征是，新修段落与残垣断壁、高大箭楼与曲折墙体密集交织、交相辉映，从而在视觉印象上显得无比丰富而极富戏剧效果。而今，它日趋化为了一个中外摄影家争现风流、竞现绝技的七彩舞台与人生疆场。

诚如本套作品所云，长城亘古便至少具有两大存在功能与价值：其一为实用功能与实用价值，即军事功能与军事价值，亦即御敌功能与御敌价值，特别是威慑，甚至是震慑功能与震慑价值；其二为审美功能与美学价值，即在造型、意象、文化心灵与人类精神方面所具有的较之其实用功能与实用价值有过之而无不及的足以唤起崇高感的特定功能及其精神价值，甚至为一种形而上的特殊功能与价值。实际上，可以想象，若当初古人仅仅考量长城之实用功能与实用价值的话，那么，长城便不可能修建到那种令人难以想象、拍案叫绝的奇异程度，甚至是奇幻程度。可以推断，

长城在很大程度上同时也是人类以不朽的石头语言旨在进行自我映证、甚至是试与寰宇骄傲地进行深层对话、深层共鸣的一个筑居于苍茫天际的伟大作品！也可能唯其如此，长城在历史上在实用功能与实用价值方面始终并未发挥过根本性作用，不管在古代的历次战争中，还是在抗日战争中，大都如此。倒是在审美功能与美学价值，即在精神层面、文化层面与艺术层面，长城亘古所扮演的角色，却是功不可没的，它对提升华夏气象乃至整个人类精神将永远难以替代。

就金山岭长城而言，整个一切仿佛皆为上述论断提供了鲜明的脚注。譬如，金山岭长城修建有垛墙、战台、炮台、瞭望台、雷石孔、射孔、挡马墙、支墙、围战墙等等，烽火台极度密集，足有 158 座之多，其造型又极具个性，绝少雷同，譬如楼墩有方形、扁形、圆形等，楼顶有船篷形、穹窿形、四角形与八角形等，整个一切及所有，可谓一种科学意义上的几何学的和谐交织、美学意义上的几何学的澎湃交响、后现代主义意义上的几何学的峥嵘时空。

条件所限，本书内容仅撷取了金山岭长城之部分画面与有限的心灵印象；当然，另一方面，这种缺憾与不足，也为你的人生征途和想象空间赋予了某种"留白"，预留了更多时空。

到达金山岭长城理性而又经济的乘车路线为：在东直门外乘坐 980 路快车，到密云少年宫站，下车后换乘密 25 路到古北口站下车即到。

旷古幽梦

色羽之诗

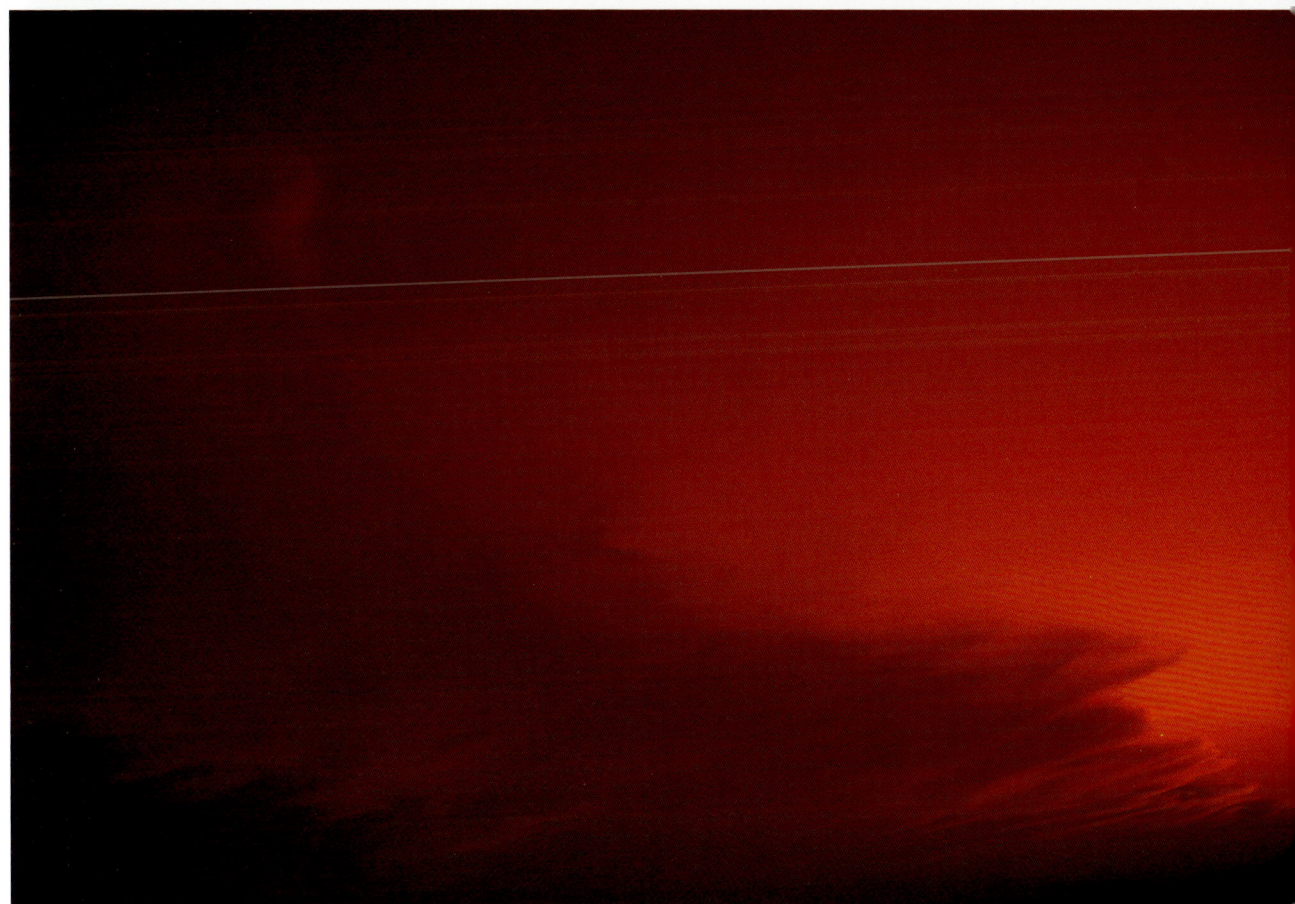

色海艳燃

大地之歌

第 8 章
Chapter 8

时空体验：灵山之交响诗章
Space-time Experience: Symphonic Poem of
Mount Ling

概 述

　　地处京西边缘、距城区 122 公里处的灵山自然风景区，从色彩、地貌、海拔与气候几个因素上来讲，是北京最具代表性的一处自然美景，其顶峰的海拔达 2303 米，堪称燕京之屋脊。灵山的这一海拔高度，不仅超越了燕山山脉主峰的海拔高度，而且，也超越了名扬四海的五岳之任何一座山岳的海拔高度（五岳中海拔最高的西岳华山的主峰高度为 2154.9 米），从而在地理诗章上对整个燕京而言，恰似一顶不可转让的皇冠。带着鲜明断层山、褶皱山地貌表征的灵山，其另一大鲜明表征是，还拥有大片开阔无比的高山草甸，草甸的海拔高度处在 1900 米以上，因坡度舒缓、线条流畅、草木茂盛、色彩诱人，从而又"形成了伊犁马、青藏牦牛在北京唯一的天然繁衍养殖场"。可以说，灵山的高山草甸，既是一处天赐的牧场，又构成着一种令人魂牵梦萦、赏心悦目的油画般的动人风景，其画面感之强、镜头感之佳、电影感之甚，在苍茫燕京的习惯性印象中，实在令人难以置信。一句话，雄奇险峻交织着波诡云谲，层峦叠嶂又透着旷然之气象，俨然成了灵山赋予世人的一种最鲜明之存在特质与审美表征。不言而喻，作为与一马平川的北京城区地貌存有 2000 多米巨大落差的灵山，实乃是北国的一首交响诗，它透着乐坛巨人李斯特音乐所特有的万千气象与伟大魂魄。

　　到达灵山理性而又经济的乘车路线为：在地铁苹果园站西侧约 400 米处，乘坐 892 路公交车，到达灵山景区售票口，再换乘当地小型私车前往；或乘坐上述公交车在斋堂再转车前往。从苹果园到达灵山的整个行程约需 3 个半小时左右。

燕京之巅

"盘古开天"：灵山之交响诗篇

愕然与旷然

凝神与遥想

空旷与荡漾

热寂与冷寂

秀乳天赐与英雄沧桑

"危乎，高哉"

"地崩山摧"

第 9 章
Chapter 9

幻梦体验：龙庆峡之南国风韵
Illusive Dream Experience: Southern Charm of
Longqing Gorge

概 述

地处延庆东北 10 公里处、距北京城区 85 公里的龙庆峡，一向拥有着北京的"小漓江"之美誉。由人工水库围绕婀娜山峦所营造的这处诱人美景，是北京人造景观的又一典范。与灵山巍峨有余而水色不足之情形不同，龙庆峡则是山水相依、水山相映，隽秀的山峦与清澈的湖水交相辉映，相得益彰，从而赋予了干裂的北国以一派难得的南国风光，仁者、智者皆可在此觅得其心灵家园。泛舟湖上，但见层峦叠翠，碧波荡漾，鸟鸣猿啼，飞人天降[1]，不由使人顿觉恍如梦境，宛若仙界。如果说灵山之美主要体现在其伟岸而雄浑的话，那么，龙庆峡之美则主要体现在其抒情而飘逸、灵秀而诗意，它带着无比鲜明的阴柔色彩与某种梦幻景象。龙庆峡的主要景点有镇山如来、石熊跳岩、九连洞、鸡冠山、金刚山、马蹄潭、将军岩、金刚寺遗址等。

作为北京的一处 4A 级景区，龙庆峡的一大亮点，还体现在其每逢隆冬时节所举办的冰灯艺术节上，至今，龙庆峡已举办了近 30 届冰灯艺术节，每届艺术节上冰瀑奇观与高科技光电声影的交相辉映，使它拥有着良好的口碑。

到达龙庆峡理性而又经济的乘车路线为：在德胜门乘 919 路公交车至延庆县城下车，再转乘小公交即到。

---

[1] 龙庆峡景区的一大亮点与奇观，还表现在距湖面数百米高空的悬崖峭壁上，常常有特技演员在钢丝上所进行的特技表演，其情其景每每惊险万分，令人难以置信。

"飞湍瀑流争喧豗"

北国山水也相醉

第 10 章
Chapter 10

民俗体验：爨底下村之古典神情
Folk Customs Experience: Classical Look of
Cuandixia Village

概 述

　　爨底下村这个在书写笔画上极难记得住的特殊地名，亦常称作川底下村。该村地处京西门头沟区的旅游名镇——斋堂镇。该村的大部分建筑为清后期所建的四合院、三合院，整个村落依山傍水，高低错落有致，层次脉络分明，既带着浓郁的古典神韵与民族特色，又带着某种后现代主义的前卫表征，是一个十分古朴、十分考究、十分馨雅又永远也不落后的山间村落，是点缀在千山万水之中的一颗带着浓郁古雅之色的文化明珠。

　　可以说，爨底下村是一朵东方建筑史上的奇葩，是工程力学与风水科学、几何学与诗学完美合一的一种典型写照，既透着东方文化的空灵特质，又带着西方城堡的某种神秘气息，甚至还带着些许哥特的超然与幽黯氛围。其一大鲜明表征在于，全村的每一个院落既充满个性、自成一体，又被统一在一种大的、浑一的秩序与氛围之中。与许多古典院落不同，爨底下村的每一个院落在空间格局与审美意象上，都是开放性的，每一个院落足不出户便可以眺望到周围的巍峨山峰，领略到自然的气息与风景，每一个院落所感受到的自然美景，所独享的审美视角，又在拼贴、交织成一种大的心灵风景与神意气象。

　　爨底下村虽然罩着一种古朴而雍容的色调，然而，其周围的群山却可谓斧劈刀削，直插云霄，不少山峰的海拔高度大都在 1300 米左右，充满袅袅炊烟的柔和村落与高耸的山峰形成着极其强烈的存在反差，从而在凸显着爨底下村的某种版画意蕴。

　　光阴荏苒，岁月如梭，沧海桑田，然而，在全球化与城市化浪潮澎湃不息的当今，爨底下村却依然坚定不移地在捍卫着自己的文化操守，续写着自己的古典风景与前卫表情，从而继续为古都北京赋予着最可贵的文化容颜。如果说故宫、颐和园等名胜主要体现的是一种皇家气息与理性诗章的话，那么，爨底下村这处绝少为中外大众所聚焦的村落，主要体现的则是一种个性与诗意的绝唱、天人合一的绝响，它与前者共同将古都北京统一在一种交响化的文化图景之中。

　　为方便记忆，有人将爨底下村做了如下生动表达："兴字头，林字腰、大字下面加火烧、大火烧林，越烧越兴"。爨发 CUAN 音，要记住它，显然是对人类记忆的一大挑战。

　　到达爨底下村理性而又经济的乘车路线为：在地铁苹果园站西侧约 400 米处，乘坐 892 路公交车，在斋堂下车即到。

翱翔万里与晴空一线

视界童话与童话视界

岁月之颜

天人合一

东边日出与古梦之诗

燃烧与祥和

世外桃源与石头语言

城堡之绝响

第 11 章

诗意家园：香山与北京植物园之四季饱览
Poetic Homeland: Enjoying Four Seasons of
Fragrant Hills & Beijing Botanical Garden

概 述

地处燕京西北侧五环与六环之间的香山与北京植物园，宛如燕京之两片肺叶，对大气污染日益加剧的整个环境来讲，具有着举足轻重的存在意义。本章内容集中撷取和表现了当代北京这两处迷人风景，甚至将两者当作了悬挂在京城人心中的两道绚烂彩虹而浓情歌之、颂之。

香山的高度并不算特别高，最高峰香炉峰的海拔为557米，但较之武汉之龟山、蛇山、珞珈山，广州之白云山，重庆之歌乐山，南京之紫金山，长沙之岳麓山等，在大都市近郊或市内的山岭中，它的这一高度还是十分可观的。从安全和地缘战略上来讲，香山对整个京城之安全显然不言而喻，它起到了某种屏障之作用。逶迤的燕山山脉绵延到香山之后对京城而言，再也无险可守，对抵御可能来自西北的入侵，它是最后一道防线。从地理和气候上来讲，北纬40°线恰好也拦腰穿过香山与北京植物园，这种无比奇异的地理状况，赋予了这两处风景以及整个京城的季节与气候变化以极其鲜明的个性化特质与强烈的戏剧色彩。从环境上来讲，诚如上面所述，香山与北京植物园宛如京城的两大肺叶，对整个京城大气的调节具有着非常重要的作用，两者没冬没夏地吸收着京城浓密的二氧化碳，并日复一日地、无私地为整个京城奉献着源源不断的氧气。故而，如若没有香山与北京植物园，在严重污染的时日，整个京城人的呼吸势必都将更为困难。从环境体系与审美上来讲，香山、玉泉山、圆明园、颐和园、清华园与燕园，在历史上同属一个整一的环境体系。由这些天然景观与人工景观交相辉映所形成的人文图景和旖旎风光，成了整个京城的核心风景与诗情画意所在。从直观上来讲，不要说在数百年前的辽、金、元、明、清时期了，即使在今日，在北京城区任何一个区的稍高一些的建筑上，天气好的话，都可眺望香山的姿影，其婀娜姿影与悦目色调对灰蒙一片的庞大京城而言，具有着令人心醉而不可估量的缓解作用和提升效果。

香山和北京植物园除了具有天然的迷人风光之外，还到处都点缀有人工景观。它们和天然景观互相呼应，相映成趣，构成着一道令人心动的亮丽风景。香山的人工景观颇多，其中，最具代表性的主要有三处。第一处为碧云寺，在这处面积可观的古建筑群中，又以处于内里核心位置、同时也是香山核心位置的乾隆御制金刚宝座塔最负盛名。置身于这座充满异国审美情趣的洁白塔顶，可以一览无余地直观感受到古代京西的整个环境体系，同时也可鸟瞰到当今央视之发射塔及远在东三环CBD一带的高楼大厦。第二处为昭庙，这处建筑主体呈深红色调、充满肃穆气氛并与白色石牌楼相呼应的景观，和点缀其后的灵秀无比的琉璃塔之另一景观所构成的建筑群，由于地处香山三大古典建筑群之正中，因而对整个审美图景起到了重要的稳定与平衡作用。第三处应为处在半山上的玉华岫（静宜轩）了，这处错落有致的、带有古韵的建筑虽然不像前两处那样古老，然而却是整个香山观赏红叶风光之绝佳位置。除这三处较为古老的景观外，较具代表性的现代景观，应为地处香山南侧的双清别墅了。这处较为幽僻的别墅因毛泽东曾在此指挥过 1949 年国共两党之最后决战的渡江战役而闻名中外。值得一提的是，在这处别墅中，至今还完好无损地保留着一条环形的防空洞，此防空洞就是当年为领导人之安全所需而紧急抢修的。

香山有许多路径都可通达峰顶，香山还有许多看点与特色使其闻名遐迩。就今日大众而言，香山最负盛名的，莫过于一年一度的红叶节了。红叶节通常在每年的 10 月底到 11 月初的霜冻时节，如果此时气温倏然出现了戏剧性的十多度的降幅，那么，就能欣赏到漫山红遍、层林尽染之如诗一幕了；但如果气温没有出现戏剧性的陡降而是缓慢下降，那么，每年的红叶节便成了一个徒有虚名的节日，每日 10 万人次的游客所目睹到的，无非是黑压压的人头的海洋，而不再是漫山红叶了。

如果说香山之审美特质，是阳刚与阴柔兼而有之的话，那么，北京植物园之审美特质，则主要偏重于阴柔之美与诗情画意，特别是夏秋时节之早晚在此漫步，可获得一种难以想象的放松感。北京植物园的一大特点是，它拥有几处面积可观的人工湖和一条人工河，由人工湖和人工河所营造的"小桥流水人家"般的诗境，的确令人流连忘返。或曰，如果说香山美在山色的话，那么，植物园则美在水色及其湖光山色。惟其如此，当年曹雪芹要在此处（即黄叶村）隐居而笔耕不辍，至今，此处还刻着

"不如著书黄叶村"的凝重语句。植物园的另一大特点是，它拥有大片的人工草坪与种属繁多的植被，此种情形可以确保整个园子从初春到深秋皆能处在一种常绿状态（甚至在酷冬也能保证一定范围的常绿状态）。这种浓浓绿意与诗意景致对干旱少雨、每年有半年甚至大半年时光都见不到绿色的北国来讲，简直如乳汁与甘霖一般的珍贵。

与香山类似，北京植物园的古建筑与人文景观也极富特点。最具代表性的，主要有卧佛寺、曹雪芹故居及清朝八旗的一些炮楼。此外，植物园还是诸多近现代较有影响的历史人物的安葬之地，比如清末维新代表人物梁启超墓、军阀孙传芳墓都建于其内。至今，它们仍然是植物园重要的人文景观与旅游景点。

此外，在植物园西门外约 150 米处，另有两座名人的墓，令植物园的人文气息得到更深一层的加浓，即京剧大师梅兰芳墓与马连良墓。遗憾的是，由于缺乏有效维护与监管，此两处人文景观正日渐受到周边村民大兴土木、毁林建宅之威胁。

赴香山与北京植物园游览的主要线路有两条：一是从地铁动物园站，换乘开往香山、植物园的360 路（快、慢两种）、714 路等公交车；二是从地铁北宫门站换乘开往香山、植物园的 331 路、696 路等公交车。

香山四季

夏秋时节与香山古建筑

澄明之境

绿树掩映中的琉璃塔

乾隆御制金刚宝座塔

心灵花季

真正的风
是一种诗的线条
真正的路
是一种欲的炙烤
真正的梦
是一种心灵的花季
真正的情
是一种花开的心跳
花开的朦胧赋予空间以时间之诗
花开的表情赋予灰天以水彩年景
花开的音色赋予天涯以层层涟漪

花开的姿影赋予病痛以酒国之容
岁似、年似、星似、花似
日似、月似、风似、人不似
雨似、语似、欲似、情不似
路似、径似、途似、梦不似
真正的风
是一种情的线条
真正的情
是一种月梦的缥缈
真正的醉
是一种夜花的芬芳
真正的痛
是一种落花的前兆

春花时节与红叶时节

"阳桥花柳不胜春"

燃情岁月

色彩的燃烧与激情的炙烤

雪霁西山银灿灿，蓝天雪额巧相嵌

瑞雪时节

西山残雪

苍黄的云霾压顶
长途奔袭的蒙古浮尘
将燕京夜幕提早裹上
恍兮惚兮中
一种声响骤然切入
久违的滴答声中
寒夜的风雨逐渐代之以漫天飞雪
置身雪夜
一任天使妆扮雪漫心空
翌日醒来
艳阳普照愁云散开

眺望西山
但见浮云朵朵白雪皑皑
放歌踏步
头枕人间仙境
游牧雪野
再续但丁之历程
六十载未遇
六十载情痴
六万载沧桑
交织如诗

——2013 年 3 月 25 日的燕京，多年
来同期从未被恩赐过如此如梦雪景。

北京植物园

望穿秋水

古韵依旧

碧水悠悠

心灵花季与涟漪之诗

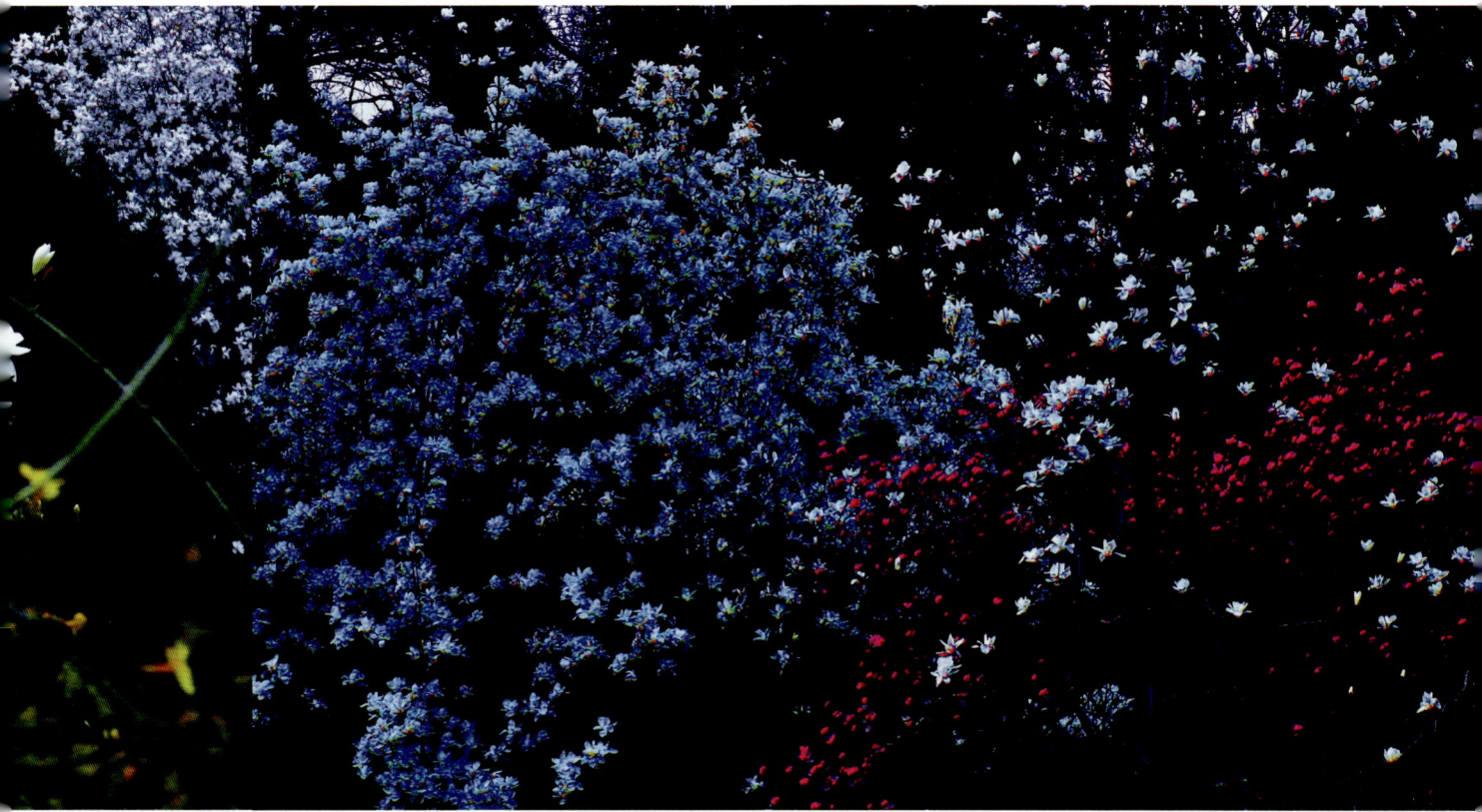

印象主义式的圣赐之色

抹不去的朦胧春梦

空间动律与气

银装素裹的香山与植物园

如果说，令人目不暇接的无限城市风光主要体现在拔地而起的一座座立交桥，体现在一片片耸入云霄的建筑群，特别是体现在光鲜亮丽的中央商务区 CBD 的话，那么，在京城的大部分不被遮挡的地方都可以眺望得到的西山，特别是香山，则是无限自然风光最突出的体现，尤其是在漫山红艳的红叶时节和白雪皑皑的诗意时节。

虽然红叶时节是一个诗意盎然的时节，但由于游人众多（高潮时每日游人大都在 10 万人左右），万头攒动，常常无插足之地，以致大大影响了人们对自然美景的品赏，致使此红叶时节每每大打折扣，甚至屡屡出现大煞风景的场面。然而，与之不同的

是，白雪皑皑的时节却一向都是较为自然的，每当降雪之时，游人反而相对较少，这就使得雪天的自然风光与原始风貌可以被极尽充分地欣赏到。加之，较之红叶这种出自大地上的景观，白雪这种出自天上的景观常常更动人魂魄，更能催发人的诗情！白雪虽然是自然界的一种生发于水分子的物理现象，但在许多人的心底，它却充满梦幻色彩，甚至神秘异常，它常常象征着一种童话世界，并常常能将人带到一种高洁、神圣、静穆而飞升的诗意境界。

西山雪天不仅是上苍赏赐给西山的一份圣礼，也是馈赠给整个京城的一幅赏心悦目的如诗画卷。雪常常就是诗的化身，常常是有多么动人的雪景，

飞雪妆苍山，鸟梦映碧潭

便有多么澎湃的诗情。追溯起来，我们所赖以生存的地球在更多的时候，也可以说是一个雪的作品，因为它在更长的地质年代为一片白茫茫的冰河期面貌。诚如地球亘古就与诗密不可分一样，作为缘起于西山山顶洞的燕京，亘古也就与皑皑白雪相伴而生，并一直不断地受惠于神话般的雪天的浓浓诗情。缘此，可以说如若没有年复一年的西山雪天的执着馈赠，那么，在一片灰色的全球化的语境之中，由于匮乏诗的滋养，不少人们的心理就将发生倾斜而陷入失衡。

当然，瑞雪并不是偏袒西山，常常是整个京城，乃至京津大地都在它大面积的漫天飘洒的姿影的濡染之中，只是遗憾的是，为了人们生活方便，慷慨馈赠的瑞雪很难在城区得以持续多日地存在下去。常常的景象是：天空一边下着，地上一边扫着，雪毕而地净，雪下完了，地上的雪差不多也清扫一空了。加之街区与楼房对视界的遮挡，以及现当代建筑只求实用而不计美观的那种缺乏斜面、曲线的旋律变化，特别是缺乏亭台楼榭、雕梁画栋的审美意象，致使天公下再大的雪也只能归于一种多情之举。是故，在京城边缘，赏雪以净化心灵、感受诗情的最佳地方，那就非西山，特别是非香山莫属了。在这个意义上又可说，香山、北京植物园是这样一个地方，它因人文景观（昭庙、双清别墅、碧云寺等）与地理风貌而令人景仰，又因天赐之美色与厚礼，即因大片的红叶，以及一年一度的皑皑白雪赋予京城以生生不息的诗情与美轮美奂的画景，从而令人肃然起敬。

银装馈赠

银装圣咏
北纬 40° 的诗意之梦

"烟岚有馀色"

银装圣赐
2013 春分之时的天赐仙境

本章附录：夜幕闪电与京西晨辉

威力与诗意

戏剧性景象

第 12 章
Chapter 12

古典风情：前门步行街、王府井与故宫之悠悠诗韵
Classical Flavor: Poetic Rhymes of Qianmen,
Wangfujing Street & Forbidden City

概 述

前门步行街

前门步行街是几年前才扩建完毕并修缮一新的，而今，它摒弃了持续长达数十年被严重异化之一切，而致力于重现昔日之繁华景象与老北京之浓郁风情及民俗场景。

众所周知，当今世界各国所普遍面临的问题之一，是随着城市化步伐的加快，城市中心的主体——人——的活动空间却在日复一日地缩小。虽然马路在不断地拓宽，环路也在不断地叠加，而与此同时，行人却被无情的车流所驱逐，以致使人们越来越难再找到信步城市、安步当车的感觉，越来越难再找到可以漫步的诗意空间。正是基于此，北京前些年重点将王府井与前门重新恢复为昔日的步行街，以便在给人们提供漫步徜徉之机会的同时，再赋予当代都市以传统景观与民俗色彩，让世人重温熙熙攘攘之特有景象。

在这一复古的文化工程中，做得较为成功的，显然要属前门步行街了。与王府井步行街不同，前门步行街的改建要彻底得多，它不仅将原来的街道加以拓宽，并将地面全部铺成了石板，且街道两侧的建筑也都模拟往昔情景而重建。整个街道全部呈现为青灰色调，虽然这不过是在仿古建筑上统一刷了一层灰色涂料而已，但在直观感觉上，它还是颇能赋予一种浓厚的怀旧感的。加上街道两旁所建的一些石墩、石椅、石鼓和怀旧铜雕，特别是在街道正中所铺设的一条铃声阵阵而来回缓缓行驶的有轨电车，以及满街悬挂的灯笼，再加上拥有数百年历史的正阳门与正阳桥等古建筑，以及近在咫尺的另一大景观——大栅栏，凡此种种，都让而今的前门步行街充满古意与诗韵，都让这里别具情趣而韵味十足。缘此，此街建成以来，一直在扮演着一种难以替代的文化角色。另外，此街的一大景观是，前来此游玩的各国儿童特别多，成了这里的一道奇异风景，这种现象从一个侧面也可说明，这种复古的

努力的确没有白费，的确能够为当代都市中的人们提供一种可以尽情放松、尽情玩乐的公共空间。

前门步行街改建于 2008 年，虽然尚存不少缺憾，但目前它所扮演的时代角色，它所营造的怀旧风景，它所彰显的历史情怀，以及它所处的显赫空间位置，使得它的地位无可替代。其最重要的存在意义，显然是延续历史，延续传统，而不是以现代或当代斩断历史，割断传统；或曰，它显然是一种守成主义的产物。在此方面，在北京的显赫空间位置做得也算不错的，就是王府井了。

前门步行街的理性而又合乎公益的到达方式是：乘坐地铁 2 号线在前门站下车，从西南口出站向南过马路即到。

王府井

作为中央商业区，长期以来，王府井一直都在扮演着京城商业中心的角色，这一角色虽然在 1949 年至 1999 年这半个世纪中有较大变更，但此后，王府井继续沿袭其故有的历史线条而扮演着新时期京城商业中心的重要角色。铺着厚实石板地面的王府井步行街，是当今京城最主要的两条步行街之一，也是京城因最具怀旧色彩而热闹非凡的两大人文景观之一。当今的王府井挤满了各式商厦、商场、宾馆、医院（协和医院）、小吃街、剧院、影楼，同时还夹杂有两家重要的书店，即王府井书店和外文书店。王府井南临东长安街，北侧路口不远处，则点缀着一处充满异国风景与精神的历史景观——天主教堂。

王府井之一大特点，就是好玩、好逛、好吃、稀罕，特别是在夜晚，尤其是两条小吃街，这里一直是王府井入夜之后最为热闹、最具民俗色彩的地方。因此多年以来，一直吸引着无数的海内外游人前来游逛、购物和品尝。在这两条小吃街中，又以南侧入口处的王府井小吃街最负盛名，它将老北京

所特有的民俗景象彰显到了最大值，这里不仅可以品味到老北京时期的诸多名小吃——像糖炒栗子、糖葫芦、卤煮火烧、爆肚、灌肠、炒肝、炸酱面等，几乎应有尽有，而且还能领略到老北京时期的拖着长腔、韵味十足的叫卖吆喝之声，有时甚至还能欣赏到站在小吃街头顶上空——即古井食楼顶所搭建的一个模拟戏台上的戏曲艺术家所表演的京剧选段，从而，瞬间可将时空带回到数十年前的那种老电影中才常常营造的特殊情景当中。

如果说王府井小吃街主要以呈现和体验老北京风情而为其主要特色的话，那么新东安市场则以新旧兼具、东西兼容之定位与经营理念而为其之主要特色。而今，在王府井鳞次栉比的商场与商厦中，最具代表性的莫过于新东安市场了，在后来的金源时代购物中心这个庞然大物落成之前，它是京城最大的购物中心，而且其综合性也非常强，曾集购物、游逛、怀旧、游戏、健身、美食于一体，特别是刚开业的几年中的地下一楼北端的老北京风俗体验场，及南端的泥塑体验馆等，都曾让人流连忘返而记忆犹新。遗憾的是，这些最具代表性的景观，如今都已从新东安市场消逝了，几乎只剩下了购物的这个单一功能。虽然如此，新东安市场作为王府井最大、最重要的购物中心的地位依然不容撼动。而从其建筑的审美感觉上来讲，尽管其外观造型过于单调而中庸，然而其内部结构还是有些看点的，置身其中，还是颇有几分现代感的，其结构与视觉线条还是颇能让人生发出一种迷离感与幻觉感的。

概言之，而今的王府井主要就是以王府井小吃街，与新东安市场及其外面的老北京风俗铜雕而为其两大亮点的，这两大亮点也可以视作整个王府井的两处点睛之笔。

王府井步行街的理性而又合乎公益的到达方式是：乘坐地铁 1 号线在王府井站下车，从北口出站即到。

故宫

与前门步行街及王府井步行街不同，处在北京之正中心位置的故宫，历史面貌保存得要完整得多，它几乎就是原生态性的，几乎就是原汁原味的。而今看到的一切，与一百年前的面貌在总体上几乎无甚变化，只是后来经过一系列整修，使它显得更新一些而已，但所有的整修与修缮，也从未破坏过其基本面貌与格局，此乃故宫今日呈现于世的一大特色。

故宫又称紫禁城，系明代永乐十八年，即 1420 年建成的皇宫，历史上曾先后居住过 24 位皇帝，系世界现存规模最大、最完整的古建筑群。故宫的修建曾动用工匠 23 万人、民夫百万人，共有殿宇 8707 间，皆为黄琉璃瓦顶、青白石底座饰以金碧辉煌的彩绘这样的建筑风格。故宫与法国的凡尔赛宫、英国的白金汉宫、俄罗斯的克里姆林宫及美国的白宫被并称为世界五大宫，且被联合国教科文组织列为世界文化遗产。故宫是成体系化的建筑群，总体景象十分严谨而规范，充满秩序，等级分明，体现了一种高度的和谐与对称之美。故宫四周还建有一条高为八米的城墙，城墙外还有一条宽 52 米的护城河，以保护故宫的安全。从空间上来讲，故宫恰处在北京的中轴线上，此中轴线南抵永定门，北至鼓楼与钟楼，其核心建筑——三大殿（即太和殿、中和殿与保和殿）、后三宫与御花园——皆处在这条线上。故宫是一种极富几何感、极具几何美的古建筑群，其所表现出的无与伦比的对称性、秩序感、唯美性、逻辑性与自恰性等，堪称世界历史之经典。

本节作品在两个阳光明媚的上午拍摄了故宫最主要、最基本的面貌与空间构成，此后，又分数次拍摄了它的不同季节之鸟瞰图，甚至还拍摄了当代舞者与它的时空对话及姿影对比之画面。总之，作品尽可能希望将故宫的基本面貌及其光影效果，

以及它所作用给当代人的心灵感受极尽充分地表现
出来。

　　故宫的理性而又合乎公益的到达方式是：乘坐
地铁 1 号线在天安门东站下车，从北口出站，从天
安门城楼进入即到。

小结

　　概言之，本章作品藉一种怀旧视角、怀旧之旅，
通过三个最具代表性的地方，来表达今人的一种难
以割舍的怀旧情怀与怀旧情结。作品从一个侧面告
知世人，当代北京并不仅是清一色的现代化与全球
化之图景，与此同时，它还存有另外之一面，即历
史与古老传统之一面，在此方面，它还试图在做出
令世人尊敬的诸多举动。

美国才女之燕京春梦

风骨

前门景观与大栅栏风情

心灵春光

　　图为来自中国、美国、荷兰三个国家的哲学家、留学生、舞蹈家与电影人在前门所呈现的不同状态与姿态。

前门景观之春

光影组诗

古典风情：前门步行街的怀旧风景

前门在历史上曾长期是京城的最热闹非凡之地，而今，这面罩满了尘埃的镜子，还依稀能映照出历史的沧桑容颜。特别是不久前按照旧貌所复原的前门步行街，更是易于在一瞬间将时空闪回到如梦往昔。在这个意义上讲，复原后充满着深灰色调的前门，仿佛成了连接现在与往昔的一条奇异的时空隧道，能让人在瞬间由飞驰的全球化时代，一步跳回到百年前的那个在心灵印象中只有黑白两色的历史时期。

毋庸置疑，前门是当前京城最具怀旧色彩、最能勾起历史记忆的地方：光溜溜的石砌步行街、清一色的深灰色商阜与钟楼、鸣着清脆铃声而缓缓行进的有轨电车、惟妙惟肖的骆驼祥子的铜人再现（一

种行为艺术表现），所有这一切，无不在诉说着一个复活的历史图景，无不在勾画着一种旧梦中的美妙轮廓。总之，前门是当今京城的一大人文景观，它通过有限度地还原历史，使碎片般的现代印象与水墨画般的历史感觉的缀续与融合成了可能，它藉往昔来鉴照当下，又藉当下来聚焦往昔，在与广场相邻的同一个时空坐标中，使两种近乎于全然不同的历史时空得以同时晰现于当代视界与心灵。它在文化上是多义的，在文明上是多元的，在语境上是多维的，在声画上又是多声部的。总之，把握时代脉搏进而前瞻未来的重要途径之一，便是触摸历史，重温记忆。深情地触摸历史，静静地重温记忆，常常能使历史性地迈步并进而使时代化为伟大的历史诗章成为可能。

247

前门景观之夏秋

秋日呢语
　　来自法国、加拿大的电影人、园丁，及来自中国的游客在前门所留下的难忘瞬间。

酷冬掠影

前门景观之冬

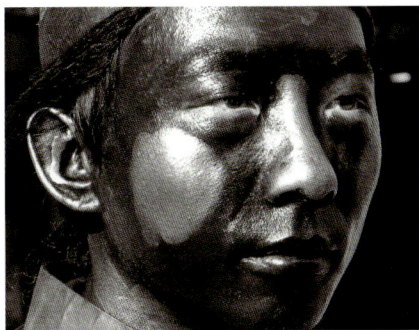

旧梦的复活

　　是骆驼祥子的铜像，还是其穿越时空隧道而跃然眼前的真切形影？答曰：都不是，而是两个行为艺术家的极具献身精神的行为表演。这一行为作品通过历史的还原、静滞的状态、虔诚的凝神，将消逝的历史背景重新擦亮，并试图颠覆人们的线性时空观，进而试图以一种超现实主义的存在画面，来定格一种飞驰的光影、书写一种崭新的心灵时空。图为曾一度出现于前门步行街的真切画面。

大栅栏风情

大栅栏风情

长不过百米的大栅栏曾长期是前门乃至整个京城的一道重要景观。

蓦然回首，历史的一瞬穿过重重时空而重现眼前。

中央商业区王府井

风味小吃令人难以拒绝　　　　　　　　　　　　　　　　童梦乐园

巨幅招贴读解

阅兵式威武，其招贴也迷人！如此的着装，如此的招贴至少在小平时代以前是不可想象的。此充满着巾帼风采的新颖图景，既是对女性美的一种大胆呈现，其飒爽而又大胆的姿影同时又是时代开放与进步的某种表征。

故梦之苏醒

早期黑白电影式的老北京风情

声画之对位与错位

古今交融

旭日耀艳

故宫的世纪背影

沧桑与永恒

古容灿烂

重构与再塑

无尽沧桑与天使之梦

时间之翼与历史长廊

春光乍泄

诗意与理性的完美平衡

第 13 章
Chapter 13

精神时空：当代北京前卫咖啡馆与前沿书店掠影
Spiritual Space-time: Sketch of Vanguard
Cafes & Bookstores in Contemporary Beijing

概 述

咖啡文化及咖啡馆之朦胧时空

正像咖啡这种在香浓中含着苦涩意味的东西为舶来品一样，咖啡馆这种充满着某种梦幻情态与浪漫景致的地方亦为舶来品。而不管是本土产物，抑或是舶来品，只要能够博得青睐，赢得人心，便可以普天下扎根。这便是全球化时代的主要表征之一。

天下的咖啡都相似，而天下的咖啡馆却各有各的不同，甚至是千姿百态。不可否认的是，当今的咖啡馆早已超越了当初仅仅是用于喝咖啡的这一存在功能，而越来越在构成着当代世界，自然也在构成着当代中国各大城市的一道亮丽的风景。作为全球化时代的产物之一，总部设在美国西雅图的星巴克咖啡连锁店，这些年来更是风靡全球各大城市的大街小巷，这已成了一个不争的事实。而今，喝咖啡，在咖啡馆昼夜浸泡、谈天说地、觅友与学习，已成为都市人们生活的不可或缺的重要组成部分。然而，与西方，特别是与巴黎和纽约的咖啡馆曾主要是偏重于谈论天下大事、谈论艺术与文化、发表激进评论的这些存在功能所迥然不同的是，当代中国的咖啡馆的主要存在功能，却是偏重于休闲、聊天和觅友。当然，与此同时，一边静静地品着咖啡，一边用互联网神游于世界各地之典雅情形，也是当下诸多咖啡馆之常态，然而，这种颇具电影画面感的常态，与其说是一种需要，倒不如说是一种装点。当然，这是对于绝大多数咖啡馆的实存情形而言的。

而地处北大、清华、北语三所著名高校之间，因而拥有众多留学生消费群体的五道口的"雕刻时光"咖啡馆和"桥"咖啡馆这两家咖啡馆却别具特色，因为其消费主体主要为各国留学生。他们聚集于此，虽然也怀有一定的休闲与觅友之目的，但更重要的目的，则是为了这里的特殊氛围，为了在这种芳香四溢、多语种与多文化同时并存的氛围中既感受东方风景，又重温西方情调，而学习汉语与上网嘛，那则是象征意义大于实质意义。另外，与上述特殊氛围相伴而生的，是咖啡馆50米开外的由当代城铁、传统的小火车道与汽车道及人行道所交织而成的蒙太奇式的运动风景。每当咖啡馆窗外的城铁在不远处水平滑过视界之时，咖啡馆内正啜饮着咖啡的不少人们，便总是会不自觉地要抬眼张望、久久遐想。眼下，"雕刻时光"咖啡馆及从其中分化出来的"桥"咖啡馆，都已发展出了各自的连锁店，前者的连锁店主要有"雕刻时光"香山店与魏公村店等多家分店，后者则在分店关张后继续跃跃欲试着。

"雕刻时光"咖啡馆最早于20世纪90年代中后期，由一名在北京电影学院研修电影导演的台湾留学生所开，地处北大东门外的一条名曰成府街的东西长约80米的小巷正中。那时，每周都会在此放映在当时炙手可热的西方艺术电影，并时常会做一些电影研讨，田壮壮导演等就曾应邀在此进行过座谈。如今，放映西方艺术电影或地下电影的这一重要特色与职能对于"雕刻时光"来讲已不复存在。类似的特色与职能已转移到了方家胡同46号院的"猜火车"咖啡馆，此咖啡馆也称作电影沙龙，这里每周都会放映一到两部不为大众所知而只流通于小范围的独立电影，并举行导演与观众的见面会与交流会。

如果说"雕刻时光"咖啡馆是京城具有浓厚文化品位的老字号的话，那么，"等待戈多"咖啡馆与"猜火车"咖啡馆则在扮演着一种新秀之角色，后者在一定程度上后来而居上，在具有前者诱人特色的基础上，又开出了更为繁茂的枝叶。而今，"雕刻时光"（五道口店）、"桥"、"醒客"、"斯多格书乡"、"等待戈多"与"猜火车"这六大咖啡馆，已成为京城咖啡馆中最具代表性与个性色彩的六种表情与六种风景。

"雕刻时光"这一异乎寻常的名称，源自于苏联电影大家、诗电影的主要代表之一的塔科夫斯基根据其心路历程所著的《雕刻时光》一书之书名与神髓。以此名称来命名咖啡馆，的确可谓匠心独运。喝咖啡的过程，泛舟咖啡的人生光阴，的确不失为一种雕刻时光的绝佳过程——假如每个光顾咖啡馆的人，都能珍惜其生命的每一分钟，将每个生命瞬间都竭力化为一行行隽永之诗的化。

咖啡馆所营造的时光，常常透着一种虚幻的意味，闪射着一种迷离的色彩，与实存世界恰好相对，它既是实存世界的一种延伸，又是对实存世界的一种调谐。特别地，它所折射的幻影，它所生发的激情，常常能够赋予一种更加丰沛、立体的人生。真正的咖啡时光，既是一种思之远航——当然这种精神远航也是一种归乡——同时又是一种诗之遐想！不言而喻，它对打破、调节写实世界的铁灰神情，对回归生命的神意性理念，对反思日益陌生的自我形影，常常拥有着难以替代的功效。

书店风景及其精神时空

先哲培根曾说，"书籍是人类进步的阶梯"。然而，真正能悟懂其中意涵与神韵者，恐怕就少之又少了，因为往常更多的人，只是将阅读书籍理解为是人类进步的一种途径罢了，而很少有将书籍的阅读解析为是这样一个过程：即一个理性累积的、恰似阶梯般逐级攀升的、推动文明征程的漫长过程。光阴荏苒，非常遗憾的是，而今这句本就从未被深切感悟过的名言越来越不流行了。之所以如此，一是因为随着网络等新的传媒形式的普及，以及随着知识的贬值，致使读书的人越来越少了；二是因为读好书的人，更是日渐减少了。而今，人们读书更多的主要是旨在为了服务于某个实用而又明确的目

的——比如为了考研、考博，为了出国，为了升迁，为了获知他人的生财之道等诸如此类——而很少再有专门为了求索知识、探觅智慧、感悟人生与存在之真谛这样的纯粹目标而面壁苦读了。追溯起来，与西方亘古就特别偏重于探究纯粹的知识、纯粹的智慧的这一传统所不同的是，不少国人在面对知识时就显得动机不纯，就显得十分实用主义化，像"书中自有黄金屋，书中自有颜如玉"等风行于世的说法，就是明证。自古，读书对于国人而言在总体上不过是为了升官发财，为了在升官发财后能够享有美色，读书至多不过是为了一种人生幻象或人生点缀罢了，而不是为了丰满、点彩人生，更不是为了创造不朽的精神财富，打造永恒的心灵时空。千百年来，虽然涌现过不少为了真知而皓首穷经者，但为了获取真知而累年苦读以至于终其一生者，并不多见。而今，在世界各大国中，中国这个长期以文化大国与文明古国自居的国家，反倒成了一个人均读书量最少的国家①，这的确发人深省！

虽然对于"80后"来讲，从未形成过此前的读书热潮，但这并不等于说书籍与书店，特别是优秀的书籍与书店就从根本上消逝于视界了，就退出历史舞台了。纵然不少优秀书籍像尼采的《悲剧诞生于音乐精神》之最权威版本至今仍迟迟不能与读者见面，纵然不少曾一度作为文化新地标的书店，像广州的博尔赫斯书店、北京的席殊书屋、国林风书店连锁店、第三极书店等都纷纷倒闭了，然而，一些好书，及一些十分具有精神品位的书店，还是顽强地生存了下来，顽强地根植于苍茫大地，继续

---

① 对此，《环球时报》在一篇文章中这样写道："联合国教科文组织的一项调查更令人触目惊心：一向秉承耕读传家、诗书继世的中国，扣除教科书，每年阅读书籍人均不到1本，而俄罗斯是55本、美国21本、日本17本。"——详见《环球时报》2013年3月8日版的"国际论坛"版《改变国人阅读"囧境"刻不容缓》一文。

在为这个时代描绘着非同寻常的风景，继续在为世人提供、馈赠着珍贵的精神食粮。

就京城而言，而今较有品位并仍然在恪守着学术原则与君子品格的书店，主要有以下两家：万圣书园与三联书店。较之那些耸入云霄、电梯滚动不息的图书大厦，这两家书店虽为中型，然而其所提供的知识、所营造的精神图景，却近乎是无边无际而令人心动的。十多年来，它们一直在打造着北京的人文地标，一直在图绘着时代的精神表情。可以毫不夸张地讲，倘若没有了这两家书店，以及此前的风入松书店、国林风书店、席殊书屋、单向街书店等文化风景的话，那么，首善之区的文化风景在某种意义上即便不会黯然失色，也至少是不那么完整而多姿多彩的。

本章内容主要集中撷取了当下北京这三家书店的一些画面瞬间，并集中对它们进行了出自一家之言的简评。书中的画面撷取与点评，主要是从学术、文化与历史的角度而言的，虽然如此，并不是说其他的众多书店就不足为论了。除此之外，北京还有一些书店也在努力地耕耘着时代的精神风景，烛亮着人们的精神视野，像光合作用书店、商务印书馆涵芬楼书店、前中央美院书店、前方舟书店、前席殊书屋、前社科院社科文献书店、前社科院中国社科书店、前国林风书店、前单向街书店圆明园分店、前万圣书园北京音乐厅分店、首都剧场戏剧书店、前燕莎友谊商城顶层书店，以及像当今的798通俗艺术区的东八时区书店、罐子书屋等，它们也都曾以或继续在以不同的姿影，勾勒着京城的精神风景。当然，若从图书销量与市场的角度来观察和评判的话，那么，客观地讲，本书所集中摄取和点评的三家书店，即风入松书店、万圣书园和三联书店，在北京却并不最具有代表性。最具代表性的当推西单的北京图书大厦、王府井的王府井书店，以及中关村的中关村图书大厦，这三家大型书店一向决定着京城图书市场的总体市场销量，左右着京城的书市行情。虽然，这三家书店以及不少其他书店也都具有各自规模不等的图书学术精品，然而，倘若撇开市场销量，就纯粹的精神品位、学术精神与书店的空间语言这三个衡量指标来讲，风入松书店、万圣书园和三联书店这三家书店在整个当下京城无疑还是最具有代表性的。

在本书问世之际，拥有15载历史、曾长期作为京城一大标志性书店的风入松书店，已淡出了时代舞台，另一大标志性书店、存在历史与精神品位跟风入松书店大致相似的万圣书园，也已合上了原有风景而搬至他处，加之中国颇有影响的两家民营书店连锁店——席殊书屋与光合作用书店——相继倒闭，为整个京城的图书市场乃至整个当代中国的精神风景蒙上了一层阴影。此现象标志着自1978年以降持续了长达35载之久的全国性的读书热潮，正在迅速衰退，甚至是正在迅速走向某种终结，而代之以一种赤裸裸的拜金主义与某种实用主义。在当前，中国业已沦为了当今世界各大国中读书人数最少的一个国家，人均读书量甚至连越南和泰国都不如，而今，购房、购车的狂潮，正全面代替全民读书、购书之热潮，此时代现象最终使长期存在的精神地标——书店风景不幸地、一步步地沦为了历史之牺牲品，甚至使其渐趋消解与蒸发。虽然如此，我们还有理由相信，书店这种古已有之的精神时空是不会彻底消逝和绝迹的，就算其形逝其神也将长存。正是在此意义上，本书将所有曾经存在过及继续存在着的代表性书店风景，一一再现并加以叙述，无论是作为一种重要的历史印痕，还是作为一种重要的、挥之不去的精神风景，这些曾经辉煌一时的书店，或继续顽强图存的书店姿影，都将长期闪现于历史之长廊，驻留于精神之时空。

一、当代北京前卫咖啡馆掠影

等待戈多咖啡馆的
前卫剧场效应[①]

《等待戈多》是一部伟大的戏剧作品，由曾于1969 年获得诺贝尔文学奖的爱尔兰戏剧家塞缪尔·贝克特所著，被称为荒诞派戏剧的代表作。这样一部旨在表现人的焦虑感、幻灭感与存在的荒诞色彩的戏剧作品，于 1953 年在巴黎一经问世，便轰动一时，后成为世界戏剧史上久演不衰的现代派戏剧之作。本作品于 20 世纪末，还分别由任鸣导演与林兆华导演以《等待戈多》及《三姊妹·等待戈多》这两种不同风格的概念与定位，将其搬上了京城的戏剧舞台，一度也引起了不小的反响及媒体效应。令人欣慰的是，2007 年，有一文化人奇思妙想地

[①] 在本书问世之际，存在了多载的等待戈多咖啡馆，已更名为 Beetle in the Box，但地点仍在原处。

也以"等待戈多"为名，而在京城开了一家颇具前卫小剧场气息的咖啡馆，从而赋予了当下京城一道难得的文化风景。

某种意义上，也可以将坐落在京城东城区交道口东大街的这家小有名气的等待戈多咖啡馆，界定为名剧《等待戈多》的衍生品。与众多的文学、戏剧、电影名作方面的各种各样的衍生品常常会不幸地流于哗众取宠、徒有虚名之恶俗所不同的是，等待戈多咖啡馆乃是一个货真价实、名不虚传的咖啡馆，它甚至已成为一种文化品牌与市场品牌的代码。作为一种软实力战略，美国的星巴克咖啡馆时下在京城几乎无处不在，譬如，即便是在刻意复制的两处老北京风俗画——什刹海荷花市场，及前门步行街这两处怀旧风景的最醒目位置（即入口处），都分别开有一家星巴克咖啡馆。那么，既如此，我们的等待戈多咖啡馆为何就不能作为一种文化品牌而进军国际市场，从而以此在一定程度上来提升我们的精神品位与时代形象呢？回答是，可以，完全可以，

除非我们不想这样做，而假如我们希望如此的话，那么，可以肯定，这一文化品牌将比"星巴克"等文化品牌要高级得多，因为"星巴克"是纯商业性的，其品位与麦当劳及肯德基不相上下，而"等待戈多"则是纯文化性的，其品位堪称国际一流，完全可与塞纳河畔的充满前卫精神并溢满浪漫气息的文化风景相争辉。

从空间感觉上来讲，等待戈多咖啡馆与其说是一个咖啡馆，倒不如说更像一个实验小剧场，其空间格局、色调感觉、光效构成、颇具装饰感的墙壁象形文字和信笔涂鸦，及一些充满装置作品意味的元素构成（像喇叭等），凡此种种，皆使得此空间极富剧场效应，极富戏剧色彩。众所周知，戏剧与剧场不仅跟西方文明的两大源头之一——古希腊文明息息相关，而且，戏剧与剧场甚至还是整个人类文明史与精神史及其表现空间的某种生动写照。缘此，戏剧与剧场是十分本质性的一种存在，亘古及今，非戏剧专业的大家在一生中情不自禁地介入戏剧或与戏剧产生恋情者，举不胜举，像柏拉图、亚里士多德、瓦格纳（乐剧）、萨特、加缪与海子等，皆如此。

戏剧的主要魅力，在于一种假定性和冲突，在于一种能与心律达成共振的节奏与现场互动，此外，还在于一种决裂。这种特有的魅力是任何电影——即使是迄今为止上座率最高的3D电影《阿凡达》——都无法取代的。这种魅力得以形成的最根本条件，那就是剧场这个特定空间，此空间可以生发一种特有的超离尘世的剧场效应。坐在家里是无法感受到戏剧魅力及剧场效应的，因为家庭是一种非常世俗化的存在，即使在家里发生强烈的冲突——语言的、情绪的、行为的——也不会具有戏剧性，因为家庭不具有假定性，它是一种写实物，而且，具体就感受戏剧而言，坐在家里充其量只可以读一读剧本。同样地，通过电视节目或通过光碟等形式，也是无法真正体味到戏剧之独特魅力的，特别是像《美狄亚》、《等待戈多》、《安道尔》、《尼伯龙根的指环》（一种伟大乐剧的代表）与《巴黎圣母院》（一种伟大音乐剧的代表）这样的戏剧精品，在家里是绝对无法感受到其摄人心魄的魔力的。因为通过这些非剧场方式所看到的戏剧，都是平面性的，不具有任何现场感；而只有走进剧场，融浸于剧场所精心营造和构筑的特殊空间，在特殊的光效之下，在特定的音场之中，在特定的氛围之中，才能真正去感受到戏剧的那种令人迷狂的魅力。

特殊的空间，方能赋予文思泉涌之境。

出自于都柏林三一学院并于1969年获得诺贝尔文学奖的塞缪尔·贝克特的巨幅黑白肖像画，在咖啡馆中既是一种象征，同时又在若隐若现的光影中，隐喻着一种新的期待。

《等待戈多》与《六重奏》是咖啡馆所免费赠送给人们的两份厚礼，它能令灰暗的视界为之一亮。

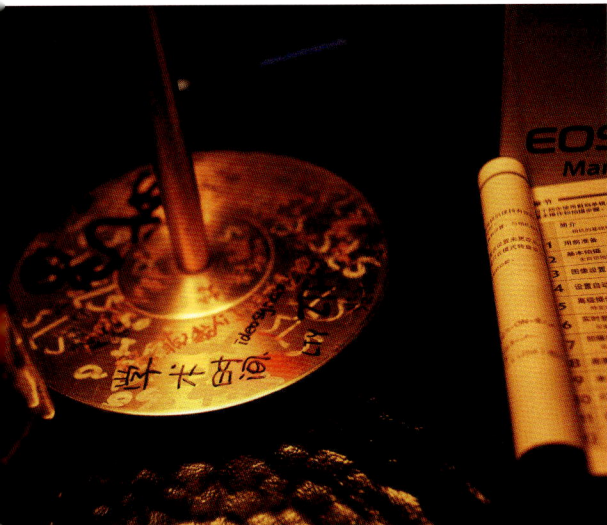

涂鸦既是一种酣畅的表达，又是一种诗意的抒发。

日光下世人往往都在奔波忙碌，而灯光下才偶尔能瞥到一线思之风景。

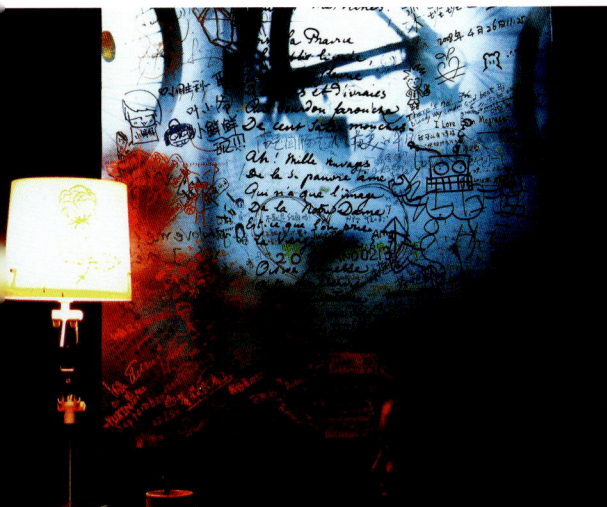

聊天既是一种化解孤寂的时光之旅，又是一种心灵按摩。

　　某种意义上可以说，是空间决定一切，空间不仅可以决定个体的思想与行为方式，而且，大尺度的地理空间甚至还常常能够决定国家行为体的行为方式，乃至成为左右国际格局与世界历史之重要缘由，这就是黑格尔在其两大代表作之一的《历史哲学》中所着重强调的，同时，也是目前在国际上风行一时的地缘政治说之缘起与基础。而最能让人真切体会到来自人类自身所为的空间氛围的，那就莫过于剧场了。缘此，早在 2600 年前，剧场便成为古希腊人生活中不可或缺的重要组成部分，那时，在古希腊有众多依山势而修建的大得惊人的剧场，个别剧场甚至比当今的世界一流的体育场都要大。总之，剧场这一特殊的心灵空间与文化空间，从 2000 多年前一直延伸到当下世界各国，其势头方兴未艾，而且在可预见的将来，还将继续延伸而存在下去。之所以如此，乃因作为一种心灵空间与文化空间，剧场同时又是一种闪烁着熠熠光辉的精神空间，它可以暂时性地或定期性地让人与现实世界的恶俗隔离，并帮助人们的心灵获得超越。诚如冷战时期横亘于东西两大阵营之间的铁幕一样，剧场也在精神空间与世俗空间、心灵向度与尘世欲求、形而上与形而下之间，牢牢地降下了一道"铁幕"。虽然此"铁幕"是对峙性的、抗击性的与瓦解性的，却又是一道无害的、无负作用的艺术性的"铁幕"。

　　那么，可见，将心灵剧场，将具有某种向心力的剧场效应与具有浓郁文化气息及兼具某种情色意味之休闲功能这两者结合起来之所为，显然不失为一种文化商业或商业文化的创造。等待戈多咖啡馆就是这样一种创新之举，它旨在将某种剧场效应，特别是极具精神品位与贵族化倾向的实验小剧场效应，融浸到咖啡馆的传统功能之中——且这种融浸又是自然而然的——以便形成一种新的精神空间，从而赋予时代以一种新的精神气象。在这个意义上讲，等待戈多咖啡馆是一个剧场性的、充满戏剧意味的咖啡馆；而同时，它又近乎是一个咖啡馆式的实验剧场。不言而喻，它有效消解了传统戏剧的严肃性与古典理性，而为戏剧情结与戏剧魅力回归当代人的心灵家园，提供了一种平台，或者，为戏剧与当代人的心灵找到了某种充满诗意的契合点。这也可能正是等待戈多咖啡馆的最可贵之处。

　　等待戈多咖啡馆的理性而又合乎公益的到达方式是：乘坐地铁 5 号线在北新桥站下车，出站向西约 100 米即到。

275

斯多格书乡咖啡馆的
夜色之诗

在当下京城令人目不暇接的咖啡馆风景中，斯多格书乡可谓诗意悠悠而令人难忘。读过宁可饿死也拒吃美国救济面包的朱自清的《荷塘月色》的读者，想必对这位充满高风亮节的雅士所描绘的撩人风景记忆犹新，而这一风景的核心前提便是夏夜荷塘的存在。而今，幽静的荷塘、撩人的月色虽然还没有完全绝迹，但也已被喧嚣都市涂抹得所剩无几了。缘此，在极为有限的勉强不被打扰的荷塘边缘，若能觅到一隙心灵的净地实为万幸，而在这种特定的空间氛围中，再能觅到一个浓香四溢的咖啡馆，特别是布满了前卫书籍的这种咖啡馆的话，那则更是令人惊诧而难以置信的，斯多格书乡咖啡馆正是这样的一个颇为难得的去处。

斯多格书乡咖啡馆地处北京大学依然满是荷塘的朗润园西门之外的一条人工渠旁，无论是从北大西门，还是从引水渠的南北两端来此，都会与水照面。虽然渠水的质量很差，荷塘的风景也今非昔

比，但在当下能找到这样一个地方已实为难得。若在晚上，信步徜徉，还是颇能寻到某种超现实式的诗意的。交合着书香与咖啡芳香的空间，被一圈开放性的木栅栏所环绕。夜色中，透过参差而憨朴的木栅栏，咖啡馆的灯光令人心醉神迷。如果说咖啡馆的外景具有某种法式花园式的特有风情的话，那么，其内景的空间感受则恰似一节火车车厢——当然只是一种袖珍型的车厢了——从而让人备感亲切。

光顾斯多格书乡咖啡馆的主要有留学生和时尚青年，前者常常选择在这特有空间氛围中学习汉语，后者则主要来此购书与收藏电影光碟。总之，从所处的地理空间、所置身的文化氛围、所沐浴的古典诗韵及所诉求的特定的文化品位等方面来讲，斯多格书乡咖啡馆都是当下京城不可多得的一个文化景点。这处颇富诗韵的文化风景的空间面积虽然十分有限，但却不失为一个不容错过的文化地标。无论从其历史来讲，还是从其精神辐射与影响来讲，将这个颇能令人油然联想到荷塘月色之动人风景，并颇能融浸到一种自由交流之语境与氛围中的地方，称为文化地标，都是不为过的。

车厢式的空间感觉，在传达着一种紧促而富于
运动感的信息，它极易让人联想到相对论。

斯多格書鄉
STOIC

夜色中颇似电影场景的斯多格书乡咖啡馆，透着一种撩人的气息与醉人的诗意。

"雕刻时光"香山店的诗情画意

　　"雕刻时光"香山新店地处香山公园南门口约30米处，由两层充满亲切感的砖木结构的建筑构成。其特点是二楼由一个通透而露天的开放性空间所结构而成，地面铺满木质地板，在此可边喝咖啡边眺望香山与植物园的秀丽风光，而一楼靠东又增设了一个既独立与通透的缀满了绿色植物之瓜果的小庭院，加之一如既往的上蹿下跳的群猫的风景，继续使这个空间显得诗意盎然。这个空间的一大诱人之处，是二楼没有加盖屋顶，只是支着一些遮阳伞，这使得这个空间可以一览无余地感受到整个香山及周围环境的清新气息。

　　目前，"雕刻时光"香山新店是在京城的所有的"雕刻时光"连锁店中最接近大自然的一处，也是京城所有临近大自然的咖啡馆与茶馆中最具品位的时尚文化空间之一。它的存在为京城的时尚文化空间树立了一个良好的榜样，在不少方面，它的存在堪称典范。

塔尔可夫斯基的东方梦境

诗电影的现实写照

"雕刻时光"五道口店的
时光掠影

　　"雕刻时光"五道口店，处在地理位置十分优越、交通十分便利的五道口，它由两层空间所构成。多年来，由于"雕刻时光"在京城所创下的品牌，使它得以一直能保持源源不断的客源。与诸多新开的、更具活力的咖啡馆不同，"雕刻时光"一直将一种近乎于稳恒不变的精神品性——即一种所透射出的电影式的画面语言与空间感觉，当作自己的基本诉求与表征。虽然而今这里不再举办电影放映活动了，但诸多怀旧的电影什物使它依旧打着电影的鲜明烙印，这成了它吸引顾客，特别是那些耽于怀旧的顾客的最主要特色。而今，虽然那个在活动、书籍与影像资料方面跟艺术电影紧密相关的20世纪末叶的、地处北大东门外的老"雕刻时光"，早已化为了历史的背影。然而，人们的记忆却不会因这种沧桑变迁而变得模糊不清。作为新生代的一系列"雕刻时光"店，又在续写着新的故事，扮演着新的角色。

　　"雕刻时光"五道口店的理性而又合乎公益的到达方式是：乘坐地铁13号线在五道口站下车，从西南口出站即到。

光效迷离，时光诗意。
静静品赏，久久沉溺。

欧式空间语言

装饰的颠覆

"雕刻时光"三联书店店的岁月抒情

　　"雕刻时光"三联书店店，位于北京东四附近三联书店的二楼，由书店原艺术书区与艺术音像区改建而成（原艺术书区与艺术音像区的所有画册、书籍与唱片等，已全部搬到了地下一楼与一楼）。装修了半年之久的这家雕刻时光店，继续承袭雕刻时光之一贯风尚与传统——即尽可能地营造一种诗意氛围与诗意时光，以供君浸泡、徜徉，从而为京城之文化景象与精神风景再添新颜。

　　就单层营业面积而言，目前，本店是京城所有咖啡馆中面积最大、最可观的一家。它既设有大片的咖啡消费区，同时，还将原来的书店咖啡吧改造成了一个十分典雅的演讲、报告厅与艺术交流厅。这个独特空间成了本店的核心风景。这个曲径通幽的狭长而可观的几何空间，既似咖啡馆，又似某种实验剧场；既可进行学术报告、交流，亦可进行片展与放映；还可进行一些小型艺术现场表演。缘此，此空间可谓具有无穷可能与无尽风景，它的存在，无疑为"雕刻时光"这一品牌赋予了一种特别的审美意象与变奏可能。

　　目前，该店是整个京城中心区域中品位最高、氛围最浓的一家咖啡馆，它之于城市中心的语境与气息，可谓难能可贵而意味深长。

　　在本书问世之际，"雕刻时光"三联书店店的空间格局已发生了较大变化，特此声明。

　　"雕刻时光"三联书店店的理性而又合乎公益的到达方式是：乘坐地铁 1 号线在王府井站或 4 号线在西四站下车，出站换乘途经美术馆站的多路公交车（比如 103、104 等路），下车即到。

橘黄之境

心灵剧场与空间语境

桥咖啡的合唱性风景

　　与"雕刻时光"相毗邻的桥咖啡，系由拥有着汉学通之称的美国人康为所经营。鉴于"雕刻时光"此前所确立的名声与地位（现今的桥咖啡即脱胎于原来的"雕刻时光"），桥咖啡几乎成了当今京城生意最为红火、气氛最为浓厚的咖啡馆。加上露天的顶层营业区，桥咖啡的消费空间一共有三层，其中最上两层约在每晚 12 点打烊，而最下一层却是 24 小时不间断营业，为泡吧族提供了一个昼夜都可消磨时光的理想去处。这也是它最主要的特色之一。如前所述，桥咖啡的主要客源为各国留学生与时尚青年及小资群体，缘此，这里日日夜夜几乎成了一种万国"庙会"，五颜六色、异彩纷呈，为桥咖啡的一大特色。而与 60 米开外的由空中城铁、地上老式火车道及汽车通道所编织的立体图景所形成的视听觉共振，在成为桥咖啡的另一大特色的同时，又赋予了桥咖啡难以比拟的镜头感与时空诗意。

雪夜之盼

与五道口的立交桥上的城铁并列平行的桥咖啡馆，不失为一座联结东西方文化、联结心灵与心灵的桥梁。

真正的桥，也许不是一种实物，而是一种心灵与文化的空间之诗；真正的桥，乃是一种杯光幻影的折射效应。

287

"醒客"咖啡馆的
幻觉之影

　　"醒客"咖啡馆地处北大与清华正中，坐落于万圣书园之东侧，这里的气氛在 2002 年至 2003 年时曾一度达到了高潮。与不少咖啡馆的主要文化特色常表现为电影放映活动的这一情形不同，"醒客"咖啡馆则主要偏重于诗歌朗诵、新书首发及研讨活动，有时甚至还会做一些民谣表演。如果说其他不少咖啡馆的空间语言常以现代特质或未来派格调而著称的话，那么，"醒客"则主要以古色古香与悠悠古韵而著称。由于咖啡馆与书店共属一体，因而两者可以昼夜在相互辉映中而达成共鸣——书店溢满咖啡之芳香，而咖啡馆则又罩满书店之书香，咖啡馆与书店成了一枚硬币之两面，两者以各自不同的风采与神韵，在昼夜勾绘、涂染着一种一体化的精神风景，打造着新时代的一种精神地标。

　　"醒客"咖啡馆的理性而又合乎公益的到达方式是：乘坐地铁 4 号线在北大东门站下车，出站向东步行 500 米即到；或在北大东门站换乘 731 路、307 路公交车，在蓝旗营站下车即到。

　　在本书问世之际，存在了十载有余的"醒客"咖啡馆连同万圣书园，一起向东搬至距原址约 80 米处的新家，作为不可替代的"醒客"咖啡之旧有风景，将长期存在于人们的心间。

灯下静思，海阔天空。

　　四肢修长而颇具舞蹈感的夜猫，一直是"醒客"咖啡馆的一道景观。猫与猫头鹰在习性上和长相上有很多相似之处，两者皆能洞穿黑暗视界，而猫头鹰在古希腊是智慧女神雅典娜的化身，因而它也常常用来象征智慧。缘此，亦可不妨将"醒客"的子夜之猫，视作一种智慧之猫。

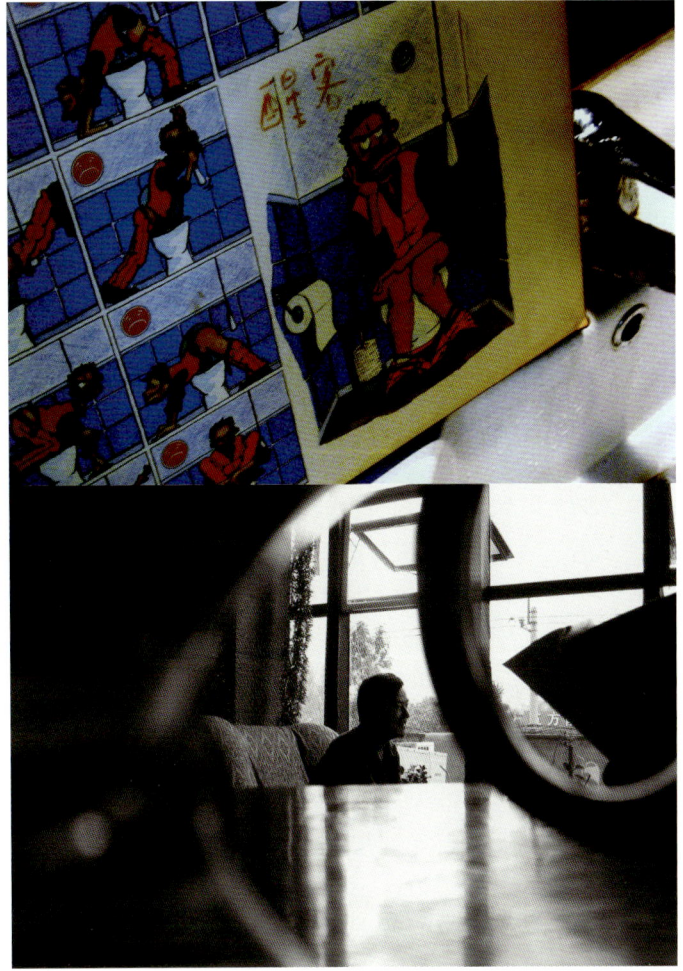

古色古香的"醒客"咖啡馆，与万圣书园的精神
品性相映成趣。

亦醉亦醒，亦醒亦醉。

"猜火车"文化沙龙
的胶片画格

作为具有浓厚文化特色与前卫色彩的咖啡馆新秀，"猜火车"诞生之日便名噪一时而蜚声京城。之所以如此，一来是因为其语境特点——它坐落于大名鼎鼎的表征着京城前沿艺术表情的方家胡同46号院内，并与红方剧场、黑方剧场及 Studio-X Beijing[①]互相呼应，互相唱和，从而四位一体地构成了当代京城极为集中的先锋图景。缘此，这个取自于一部英国电影片名的咖啡馆，在当下京城可谓后来居上，俨然成为咖啡馆的最新地标。可以说，如若没有其他咖啡馆，"猜火车"依旧充满着前沿的姿影与浓浓的风情；而如若没有"猜火车"，那么，可以说整个京城以咖啡馆为代表的文化风景，毋宁说便是缺乏崭新气象而不太完整的。

① 本书中许多以外文命名的团体、单位等，目前没有合适的中文译名，本书也不作一一硬译，后同。

白昼中的颇似电影拍摄外景现场的"猜火车"，又被猫的姿影舞动成了另外一种景致。

神情与见证

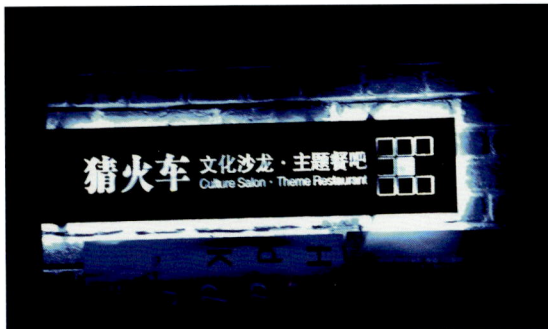

斑斓夜色中的"猜火车"咖啡馆，颇似在旷野中行进律动着
的一节火车车厢。

"猜火车"咖啡馆而今已成为京城举办电影沙龙，汇聚各类精英的最突出的几个场所之一。

星巴克前门店的
电影式场景

总部设在美国西雅图的星巴克全球连锁咖啡馆，此前也在北京的中心，即前门步行街入口处正阳桥的西侧开了一家分店。与北京其他一系列星巴克分店不同的是，星巴克前门店设在一幢充满某种雕梁画栋之老北京风情的小阁楼上，阁楼共有三层，由木质楼梯上下连接为一体。此店可圈可点的地方颇多，最具特色的是三楼，其地板、门窗与呈三角形耸起的屋顶之主体架构，皆为木头所制成，因而充满了浓厚的木屋气息，即一种暖融融的、令人欲罢不能的气息。从这里向东可眺望到正阳门、正阳桥及前门步行街的熙攘场面和有轨电车的怀旧场景，向西可眺望到大栅栏的一角，可见其所拥有的地理位置是何等之优越。

星巴克前门店是一家溢满轻松、自由氛围且装修前卫的咖啡馆，其整个空间面貌与设计语言，严格依循和忠于前门的文化与风俗，从而较为完美地实现了一种东西方文化的对接与共融之理念。来星巴克消磨时光的，大都为长年生活于北京的西方人和中国的回头客，偶尔也会有大批的旅游者蜂拥而至，以至于某些时候会出现门庭若市的爆满场面，致使三个楼层都几乎水泄不通。

星巴克前门店是一个创作的好地方，这里的特殊场景，常常能够赋予人以一种特殊的创作灵感与源泉，在这里，人的思维常常能够油然进入到一种电影化的时空状态，这个地方本身就颇似某种电影摄影棚所搭建的拍摄现场。

赴星巴克前门店的理性而合乎公益的方式是：乘坐地铁2号线在前门站下车，从西南口出来向南过马路即到。

洋为中用，还是中为洋用？

冬夏时光

二、当代北京前卫书店掠影

三大标志性学术书店风景之

诗意盎然的风入松书店

地处北大南门东侧地下的风入松书店，由已故的北大哲学家、哲学系教授、曾于 20 世纪 80 年代参与组织翻译过西方学术名著《存在与时间》的王炜所开创。多年来，该书店一直以哲学、政治、法律、美学、历史等精品图书为主营项目，在市场化的狂潮中，它任凭风吹浪打而胜似闲庭信步，始终毫不动摇地一直秉持着其所奉行的精神原则。"风入松"是一个诗意盎然的名称，充满了时间与空间之玄奥色彩，因而是一个透着浓厚的哲学意涵的名称。缘此，它既是一种东方化的写照，又是一种西方化的象征；既是一种时间性的概念，又是一种空间性的概念；既挂着一种哲学的表情，又闪射着一种物理的色彩。

而从空间格局上来讲，与大多数书店一般都坐落在地上所不同的是，风入松书店却建构于地下，这使得它显得既富于空间个性，又富于不可替代的精神深度与某种根音[①]功能。真正的思想与精神，素来是一种为时代植根的东西，根系愈是深入地母，愈是深入思想之地心，便愈能为浮躁而日益表象化的世界提供必要而不可或缺的思想深度与精神源泉。在这个意义上讲，风入松书店对推动当今所大力倡导的精神文明的建设，是极具表率精神的。

风入松书店的理性而又合乎公益的到达方式是：乘坐地铁 4 号线在北大东门站下车，出站步行约 400 米至北大南门东即到；或可直接从北大南门走出，向东即到。

在本书出版发行之际，风入松这家在北京存在了 16 载之久的标志性书店，已宣告停业。那么，作为一种重要的历史记忆与见证，本书之珍贵资料将长期驻留于文化长廊与世人心间。

曾地处北大南门外地下的风入松书店，俨然成了缀续、延伸 20 世纪至 21 世纪北大精神乃至京城人文风景的一道绚烂彩虹。

---

① 根音：音程中的低音叫做"根音"（root），位于和弦最下面。在和弦的基本形态中根音是最下端的一音。

"人，诗意地栖居！"这句来自西方大师荷尔德林 –
海德格尔的名言，是书店的座右铭。而何谓诗意地栖居呢？
回答是：千方百计地藉助各种存在空间，竭尽所能地去激
活其潜藏的诗意，以便在沉重的生存状态中去获得一种飘
逸的人生体验，即为诗意地栖居。显然，风入松书店为这
句名言提供了一个绝佳的诠释。

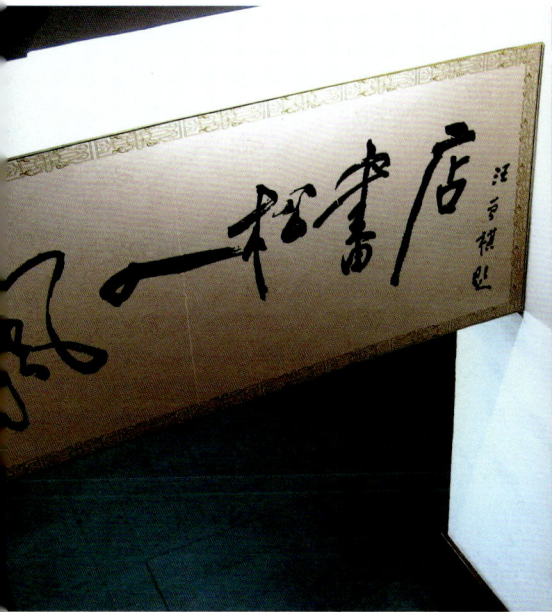

诗与思

地下的空间重压，仿佛一直在拷问着、挤压着你我
的心灵空间，仿佛一直在上演着一种命运之交响。

三大标志性学术书店风景之

古雅而现代的万圣书园

万圣书园是当下北京的另一家地标性书店，其学术品位及其所成长的历史脉络，与风入松书店极其相似。万圣书园最早即于20世纪90年代中后期也开设于北大的围墙之外，不过它那时是开设于北大东门之外的一条东西分别与清华和北大相邻的小巷。当时的那条既古朴又透着现代气息的、点缀着"雕刻时光"等咖啡屋的小巷，后随着北大的大规模扩建已从地图上永久地消逝了。尔后，当年仅仅有30平方米左右的万圣书园，搬迁到了距北大东门约500米处的蓝旗营安下新家，并将书店面积一跃而扩充到了500平方米左右，同时还开设了与书店相映成趣、格调雅致的"醒客"咖啡馆。在与风入松书店所秉持的高端学术品位十分相似的同时，万圣书园还更进一步扩大了自己的艺术与美学类书籍，以提升和丰富自己的精神品性。万圣书园的木质楼梯设计与空间布局都十分考究而雅致，从建筑感觉与空间格局上讲，如果说风入松书店是尽可能地追求本质而朴素的空间语言的话，那么，万圣书园则是尽可能致力于典雅而高贵的空间语言的建构。万圣书园地处北大与清华之正中，而今，它正以执着的理念、空灵的姿态语说着当代京城崭新的精神表情。

万圣书园的理性而又合乎公益的到达方式是：乘坐地铁4号线在北大东门站下车，出站向东步行500米即到；或在北大东门站换乘731路、307路等公交车，在蓝旗营站下车即到。

在本书出版发行之际，万圣书园这家以书中风貌存在了多年之久的标志性书店，已搬离原址，搬至向东80米处的新址，那么，作为一种重要的历史记忆与见证，本书之珍贵资料将长期驻留于文化长廊与世人心间。

书店内里的某些设计语言与风格，仿佛挂着某种延安枣园窑洞的色彩。

偶尔喜欢坐卧于书店门口的一只黑猫，为万圣书园平添了一丝冷峻而神秘的色彩。

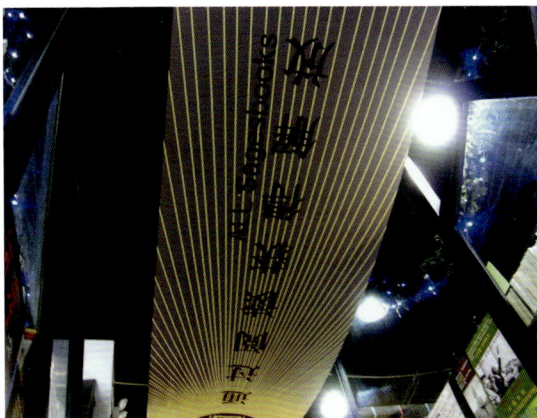

"通过阅读获得解放"的这句名言，也可能是受卡尔·波普尔的《通过知识获得解放》一书之启发。的确，深入阅读、博览群书，乃是使精神与人生获得自我解放，以驰向绚烂诗境的必经之途。没有自觉、专注而持久的阅读，便没有精神与人生之一切。阅读是一种不变的姿态，正如精神是一种驰骋的图景，阅读还是一种终其一生的自我雕刻。通过书籍，我们不仅可能会发现一个真正的世界，同时也可能打开并发现一个真正的自我，而书店以及图书馆和书房，则为这些可能提供了一个良好平台。

书店一角所陈放的一摞书籍封面上的德国诗人席勒的画像，在西窗缝隙透射进来的夕阳的辉映中，显得崇高而神圣，一瞬间，贝多芬第九交响曲《欢乐颂》那多彩的和声与恢弘的图景，仿佛罩满了整个书园。

数万卷各类精品图书，一直在无声地散发着一种挡不住的诱惑，诱使爱书人不断去寻觅、探奥。

三大标志性学术书店风景之

多维交响的三联书店
（北京三联韬奋书店）

地处北京车水马龙之繁华地段的三联书店，即北京三联韬奋书店，在整个北京的闹市区可谓鹤立鸡群。它在十多年中一直由地下空间与地上的两层空间共三层空间所构成，整个面积较当时的风入松与万圣书园都要大一些，且还在三楼另辟有一个怀旧车厢式的十分前卫的咖啡区。三联书店在空间设计上也十分富于品位，其地下一层主要为哲学、历史与文学精品，地上一层主要是畅销读物，地上二层则主要为艺术读物。与其他书店不同，它在充满浓厚的学术氛围的同时，又布满了精美而昂贵的画册，及琳琅满目的各类艺术书籍，这成了该书店的主要特色。令人心动的景象是，每到盛夏，书店的旋转阶梯上从早到晚常坐满了在这里一边读书、一边纳凉的表情真诚的读者。他们常常一坐就是大半天，甚至一整天，很多人也并不买书，而书店方不仅不将这些人视为不受欢迎者，相反还十分友善，体现了一种令人钦慕不已的宽容情怀，这一度成了三联书店在整个首都的所有书店中最令人难忘的一道风景线。在书店之隔壁，还另设有一家赫赫有名的出版单位——即生活·读书·新知三联书店。此出版单位曾于20世纪80年代出版过数目众多的、当时翻译水平所能达到的学术精品，像海德格尔的《存在与时间》、萨特的《存在与虚无》，即为明证。与生活·读书·新知三联书店这个出版单位曾经是重要的学术品牌之象征、而今却在学术品格上有所降格的遗憾情形所不同的是，作为思想展示与图书营销的三联书店（即北京三联韬奋书店），多年以来却一直保持着不变的学术操守，在继续保持着其所一贯诉求的精神向度，故而，这处精神空间在京城五光十色的闹市区委实可谓难能可贵。

在本书问世之际，三联书店的面貌也发生了不小的改变。改变之一，是三楼的艺术画册与艺术书籍区全部撤至地下一楼，与地下一楼的哲学、社科与人文的书籍区域合并为一体。撤空后的三楼，则代之以而今的"雕刻时光"咖啡馆。改变之二，是长期租用书店东南侧一处可观空间的祥升行胶片摄影冲洗店，也搬至他处。虽然如此，但三联书店之主体与主要存在仍岿然不动，它仍在这幢典雅的小白楼续写着新的时代风景，耕耘着新的精神沃土。

三联书店的理性而又合乎公益的到达方式是：乘坐地铁1号线在王府井站或4号线在西四站下车，出站换乘途经美术馆站的多路公交车（比如103路），下车即到。

地处中国美术馆与前中央美院附中近旁的三联书店，素来以十分前卫的空间语言而著称于京城，乃至举国。

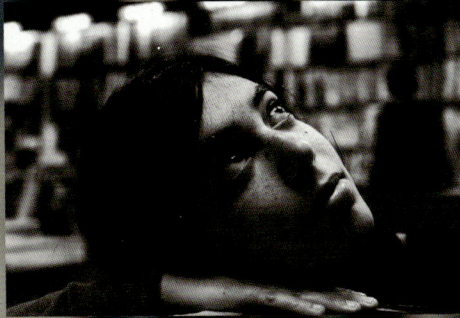

阅读乃是一种人生之还原，阅读不仅可以使失衡的心智、错位的表情与残缺的踪影得以有效还原，而且，恍兮惚兮之中，还能赋予匆促的人生以某种绵延。

静坐于一楼冰冷地板上的这位老者之于三联书店，宛如一尊雕塑之于某个圣界空间。

三联书店年复一年地在上演着令人沉思穆想的人生戏剧，这种戏剧虽然悄无声息，然而却震撼人心，甚至荡气回肠！这些散处于各层空间的姿态各异的读者，即为明证。

旋转升腾的书之木雕，以极尽夸张的语言，仿佛在筑起着一座知识的巴别塔。

这个手捧图书的小女孩，宛如古典油画的一种当代
复活，体现了感性与理性、旋律与雕塑、偶然与必然、
生命与智慧的完美融合。

通透与朦胧，在表征和彰显着三联书店三
层艺术类图书区的精神格调。

书籍是人类进步的阶梯，书店是推动时代的空间。

不管时光如何变迁，阅读都将是一种常新的诗颜。

读书破万卷，才美方外现。　　　　　　　　打开一本有益的书籍，即意味着开启一种诗意的呼吸。

景象感人的
百万庄图书大厦

坐落在西城区百万庄大街的百万庄图书大厦，是这些年来涌现的一家营业面积最大的书店，包括地下一层在内共有四层。整个图书品种虽然有些驳杂，但也不乏精品，像售价近万元的精装版《齐白石全集》，及哲学、社会学、历史与传记方面的不少精品，即为明证。该书店的一大特点是，种类齐全、五花八门，从畅销读物到少儿读物，从人文、社会、军事读物，到财经、科技读物，从电子读物到光盘等，几乎应有尽有。

百万庄图书大厦虽然没处在京城的文化区，也没处在闹市区，然而该书店中读者的读书热潮在当下京城却是少之又少的。每日，从早到晚都会看到许多读者坐在一、二楼层的步行阶梯上一直在孜孜不倦地潜心研读，其中有神情凝重的成年人、白发苍苍的老人，也有一脸稚气的中学生和小学生，其景象感人至深，从而构成了一道当下京城令人心动的亮丽风景。

如果说百万庄图书大厦在鳞次栉比的京城书店中有什么异样之处的话，那就是读者数载如一日地对此书店的流连与痴迷。该书店既不以庞大著称，也不以前卫闻名，然而它却透着一种不可思议的魅力而诱人前往。

诗意外景

凝神拜读之时，常常是男性最美的时刻。

君不见重重书海时时在上演着一种人生的命运之交响。

不变的坐姿，专注的神情。

诺曼底登陆的攻防模型图

　　该模型图成了百万庄图书大厦招揽读者的一个标志性藏品，它在无声地彰显着该书店的一种特有表情，彰显着该书店对世界的本质之一 ——战争情态——的一种挥之不去的情结。

雅趣

眼镜乃是人的第二眼睛，当某天眼镜也功成身退之时，即可能为生命的觉行圆满之日。

那一时刻，整个身心、整个灵魂仿佛已被书神所摄夺。

没有座椅，也无需座椅，冰冷的地面仿佛在强化着冰冷的理性，在强化着岁月的颜容。

启人遐思的光合作用书店

地处五道口地铁站西南角并与桥咖啡馆和"雕刻时光"咖啡馆相毗邻的光合作用书店，是一家地理位置十分优越的、较为时尚的书店。书店由一楼、二楼两个不同的空间构成，还在二楼设有一个咖啡馆。另外，书店的一个显著优势是，它还与一个酒吧毗邻，鉴于书店与酒吧同用一个卫生间，加之光顾酒吧的多为北语、北大与清华的留学生，因而使昼夜都有大量的洋人出没的光合作用书店，显得洋气十足，门庭若市。

光合作用书店是一个品牌连锁店，除了五道口店以外，还在现代城等处另设有店面，其中，地处五道口的光合作用书店最具代表性。"有氧阅读"是光合作用书店赫然书写在墙上的一个极为诗意的概念，此概念在充满诗意的同时，又颇能令人遐想。与万圣书园所提出的"通过阅读获得解放"的概念相似，光合作用书店亦将阅读视作一种生命获取氧气的动人、形象而诗意的过程。亦即是说，阅读之于心智的重要性，恰同氧气之于生命一样，生命没有氧气便无法萌芽、生成，心智没有阅读、没有对知识的不懈汲取，便无法焕发光彩、充满活力，便会褪色而陷入枯萎。只有在知识之光、智慧之光的沐浴和辉耀下，生命之树才能在不断产生的光合作用中盈满绿色，茁壮成长为茂盛的原野。

本着上述精神与理念，光合作用书店五道口店在一楼陈满通俗畅销读物的同时，在二楼刻意陈满了学术读物与艺术读物，从而使这个不大的书店显得五脏俱全。整个书架中，从时尚杂志、通俗小说，到经济类的、科技类的，直到哲学类的、历史类的、军事类的、电影类的、音乐类的、画册类的与摄影类的等，几乎无所不包，无所不容。此外，还有与书籍相呼应的唱片、艺术电影光碟、前卫玩具等，因而，整个书店试图将一切都囊括其中。故此，在如此有限的空间中，充满如此丰富而多彩的书籍及相关文化产品的这一特定情形，构成了光合作用书店的最主要表征。

众所周知，五道口一带在20世纪90年代，一直享有京城的清明上河图之美誉，其文化风景与浓厚的氛围令人浮想联翩。然而进入21世纪，随着大片极富某种原生态色彩的自由市场被拆除而代之以庞大而冰冷的商业大厦，去五道口逛街的朦胧感觉与醉意从此成为历史。多亏了"雕刻时光"、桥咖啡馆与光合作用书店这三个时尚元素，才使五道口得以继续扮演着海淀新地标的角色。在这个意义上说，光合作用书店对五道口在新世纪文化风景的延续，可谓功不可没。一个地标若少了一家服装店或餐馆，通常都会无伤大雅，但若缺了一家溢满书香的书店或书吧，便往往会大打折扣。因为时尚元素仅能赋予一个地标以表象性的东西，而文化元素才能真正赋予一个地标以气息、底蕴及厚度。缘此，

知识就是力量，阅读就是希望，就是使生命之树焕发绿意的灿烂阳光。

真正的知识不能带来汽车洋房，但却可以带来生命之光。

光合作用书店与"雕刻时光"、桥咖啡馆这两个极具代表性的文化书吧，在三位一体地编织着海淀的崭新梦幻，烘托着京城的难以比拟的文化风景。

在本书问世之际，存在了多年的光合作用书店，连同"光合作用"这个此前存在多年的中国最大的民营书店连锁店，令人惋惜地淡出了时代的舞台。然而，它所留给世人的记忆将是长期性的，将是难以抹去的。本书的珍贵画面，为世人重温那段时光将会提供一种长期的支持、帮助和重要的史料。

价廉物美的贵知心书店

贵知心书店是开在与万圣书园相毗邻的一处商场地下的一家袖珍书店，主要以经营打折书为主。书店虽小，却五脏俱全，是淘书者，特别是清贫爱书者们不容错过的一个重要地方。

贵知心书店的理性而又合乎公益的到达方式是：乘坐地铁 4 号线在北大东门站下车，出站向东步行 500 米即到；或在北大东门换乘 731 路、307 路等公交车，在蓝旗营站下车即到。

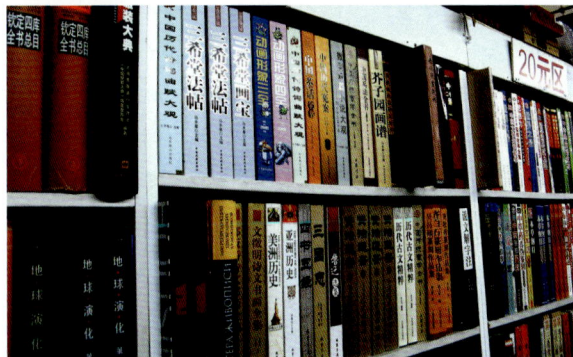

寻寻觅觅，从小做起；捧起书籍，感悟飘逸。

书海是一种风景，恰同彩虹是一种诗情。

达利的胡须，俨然成了该书店的主要招牌之一。
达利的眼眸，仿佛在审视着日益怪诞之一切。

305

定格时间的东八时区书店

地处 798 时尚艺术区中心地带的东八时区书店，由通晓汉语的美国人罗伯特创建。此书店在整个京城书店中因位置特殊、品位特别，并别具庭院神韵，以及拥有木梁架构与咖啡飘香等特色而独树一帜。

东八时区书店虽然是一家袖珍型书店，但其定位却较为高端，主营各类时尚艺术画册及一些人文地理画册。就艺术画册的全面性、丰富性与即时性而言，几乎很难有其他书店能与该书店相颉颃。就书店令人过目难忘的特点而言，琳琅满目、装潢考究、印刷精美的时尚艺术画册只是一个方面。另一个方面，是赋予其空间的房屋建筑本身。房屋为尖顶木梁屋架结构，书店原封不动地忠实于原有的房屋架构的原生态感觉，仅仅是在木梁上安装了几支老式叶片吊扇而已，从而使得该书店在空间语言上别具特色：乍看仿佛信手拈来而细看又有诸多颇为令人玩味的考究之处。再一方面，就是与书店相配套、具有通透环绕感的咖啡馆（兼西餐功能）了。鉴于咖啡馆与书店水乳交融，相映成趣，因而又是一种别开生面、浑然天成的书吧，从而使书店昼夜笼罩在浓香扑鼻、诗意四溢的情绪氛围之中。总之，致力于打造成一个形（房屋与书架、书籍）、色、香、味相互渗透、相互辉映的一体化的人文空间，是书店的一大特质。最后，就是由书店四堵墙（玻璃墙）所环裹和合成的近乎于四方形的幽僻庭院了。此庭院处在书店与咖啡馆之正中，从东、西、南、北四个方面，通过玻璃墙，视点皆可投射到这个中心庭院中。庭院中生长着大树，在树荫下，还点缀着小茶桌与椅子，从而营造了一种十分诗意的意境。缘

此，东八时区书店可做如下一系列归纳：从主要功能上来讲，它是书店性的；从次要功能上来讲，它是书吧性的；从建筑上来讲，它是原生态式的或后现代性的；从审美上来讲，它是诗意性的与散文性的；从语境上来讲，是东方性的；从气质上来讲，它是东西合璧性的；从文化上来讲，它是人文性的；从视觉上来讲，它是景观性的。

当然，作为时尚艺术区的地标性书店与文化风景，东八时区书店在具有着上述特色与人文情怀和韵致的同时，也存有不少缺憾，首要的问题在于，整个书店风景中缺乏思想深度和大师们的时代印痕，因过于追逐时尚元素，从而使其有些流于浮躁，又因过于追求翻新的速率，从而使其又不无遗憾地难免有些无根。凡此种种，也许都是该书店值得反思和改进的地方。虽然如此，瑕不掩瑜，东八时区书店仍然不失为整个 798 时尚艺术区，乃至整个当代京城的一道无比时尚的文化风景，一道令人遐想、令人回味的文化风景。

在本书问世之际，存在了 12 年之久并一直扮演着某种精神地标角色的东八时区书店，已退出了时代舞台，然而，它所留给时代与世人之印象，却是挥之不去的。

"庭院深深深几许"

第 14 章
Chapter 14

京城夜色
Starlight of Beijing

好好吃饭
天天睡觉

Enamel • Quotation

12 SQM
平米

酒吧 • 咖啡
Bar & Café

WARM INSIDE!

概 述

以往，一提到城市夜色，人们脑海中大都会不约而同地首先联想到当年夜上海那样的五光十色的电影画面。的确，在 20 世纪 80 年代之前，在大江南北拥有漂亮夜色的地方寥寥无几，当时顶多不过有香港、上海、广州、重庆这几个地方的夜色还值得一提。然而，今天，漂亮夜色已不再只是个别现象，大江南北，到处一片灯火阑珊，歌舞升平的景象，甚至包括许多的县城乃至不少乡镇也都如此。同样，北京也不例外。

与以前来北京旅游曾被戏谑为"白天看庙，晚上睡觉"之景象不同，而今的北京却是国际化图景亮丽无比、当代节奏昼夜不息的一种情景。绚烂夜色、立体性的夜生活景象，业已化为北京的一道不容剥离的重要景观。甚至还有一大批人颠倒生物钟，专门瞄准夜晚，在夜晚出动，体验京城的夜生活。当今，京城夜色业已在整个当代中国之夜景画廊中占据重要的、难以替代的地位。

与蜚声海内外的上海夜色、香港夜色等景象不同，北京夜色拥有如下三个突出的表征：一为充满鲜明而又浓厚的国际化元素。北京有很多外国人，无论在丰富性上，还是在总人数上，在当今中国无疑都是其他地域难以比肩的。二为充满鲜明而又浓厚的地域特色，及某种原生态意味，比如充满老北京的胡同风采与庭院景色，这种较具原生态的特质就总体而言，目前是其他任何大都市都难以比拟的。另外，像在北京流行甚广的扭秧歌风俗，在其他大城市特别是南国的大都市更是难见到的。三为充满

了当代中国最丰富多彩的各类艺术节目的现场表演，这种特质更是在整个中国独一无二、北京仅有。目前，北京每周在多个夜晚都在不停地上演各类摇滚表演，演出频率之高、乐队之多、场地之繁，是其他任何都市都难以望其项背的。作为文化与艺术中心，北京几乎每个周末夜晚都在不停地上演着各种交响乐、歌剧、芭蕾舞、现代舞、实验戏剧、音乐剧等艺术节目，这更令人目不暇接，这更是北京夜色的重要组成部分，这种艺术风景甚至构成了北京夜色的核心风景。如果一提到夜色，赋予人们的印象全都是灯红酒绿的夜总会、酒吧、歌舞厅、卡拉 OK 等，这实在是过于低俗，而北京则全然不同。正是在上述多个意义上讲，目前斑斓多姿的北京夜生活景象，委实为北京的一大魅力与磁力所在。总之，目前北京夜色可用如下的词语来加以生动概括：赤橙黄绿而富于国际化，色彩纷呈而不失古典风情，充分释放而不失高雅异常。本章内容即围绕着这样的理念来展现和叙述的。

鉴于本书的下部中另有两个特别章节——即"艺术前沿"与"激越与沸腾"，它们是专门展现当代北京的艺术风景之内容的，而这种艺术风景又跟北京夜色紧密相关，故，本章内容，主要集中展现在表象上和直观印象上所作用给世人的当代北京的夜生活场景。这种场景至少从一个侧面已充分体现了当代北京这个不夜城的鲜明特色，并为读解当下这个时代提供了某种生动的脚注。

暮色苍茫

"林峦巉绝秋风瘦，楼堞参差暮气昏"

天安门广场周边、前门与王府井夜色

穿梭在古典与后现代之间

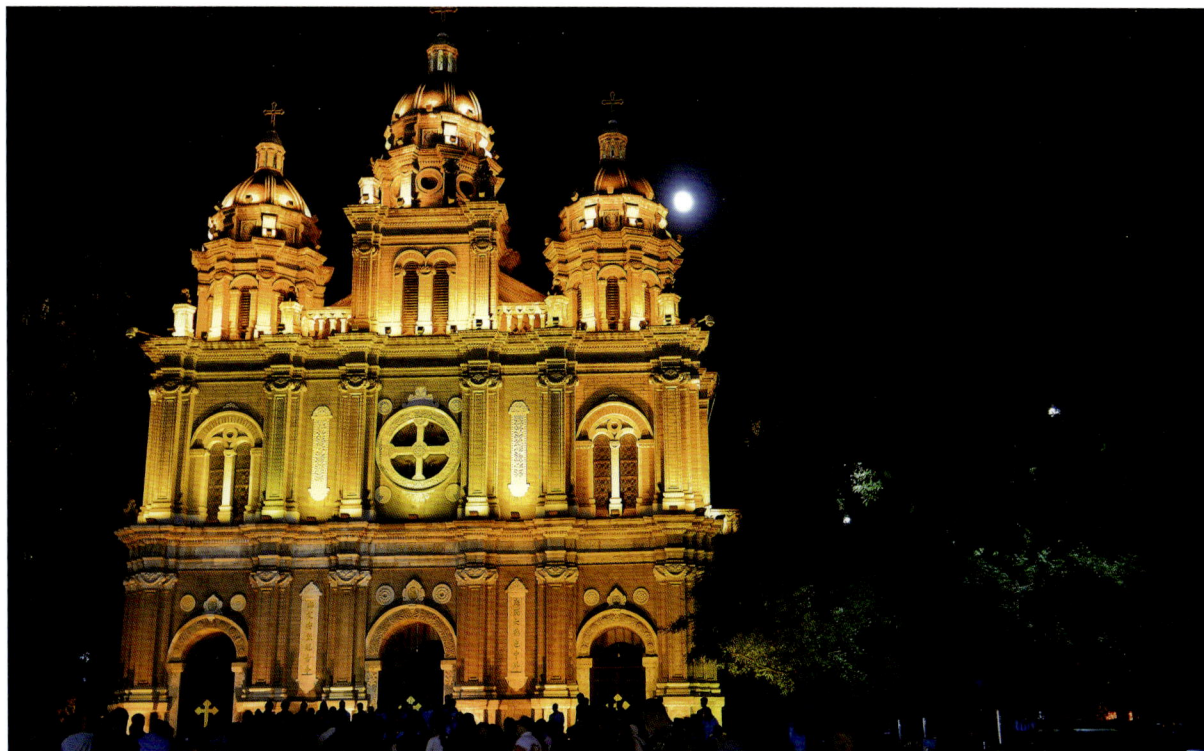

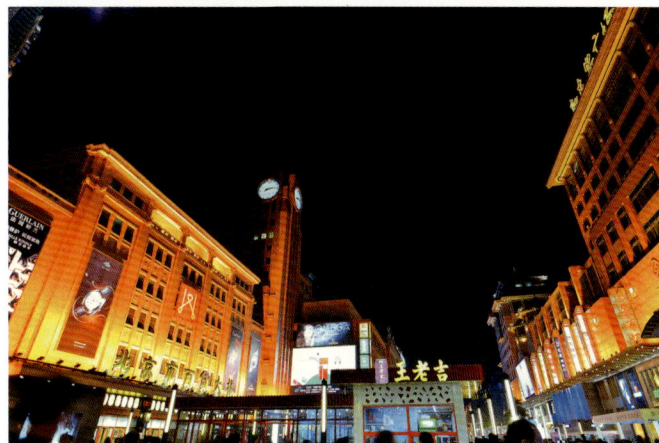

天上·人间

三里屯夜色

　　作为诸多国家驻华使馆在京城的扎堆之地，三里屯同时也是当下京城蜚声海内外的一大酒吧街区之所在地。早先，即 20 世纪的最后 7 年，它是京城最具代表性的酒吧街的代名词，今天，它仍然与后海酒吧街、南锣鼓巷酒吧街和朝阳公园南门酒吧街并称为京城四大酒吧街。由于三里屯路从南到北长约三里，故得名。20 世纪 90 年代初，有好事者在此开了一家酒吧，鉴于此处为诸多大使馆云集之地，因此，酒吧一经开张，生意便红火异常，由此而一发不可收拾，不少人步其后尘，纷纷开起了大大小小的酒吧。不久，整个三里屯便为一个个色彩斑斓的酒吧所充斥。一时间，三里屯便迅速成了酒吧街的代名词。这一势头至 20 世纪 90 年代中期达到了高潮，酒吧街也迅速由北街而进一步延伸向了南街。每当夜幕降临，布满各国使馆的三里屯，便为绚丽多姿、风味各异的一个个酒吧之绚烂灯光所烛亮，点缀着数百家诱人酒吧的三里屯，便自然成了当时京城夜生活的最重要代表，成了京城对外开放的一个五光十色的窗口。

　　光顾酒吧街的顾客，一开始主要为外国人，但稍后，国人渐渐居多。不久，国人与外国人自动进行了分化，国人主要光顾北街，外国人主要光顾南街。但 2003 年开始，三里屯南街昼夜充满异国情调的酒吧街，渐渐从地平线上消逝，而代之以"三里屯 SOHO"所开发的一大片商务楼群。于是，一大批酒吧，像当时极具代表性的明大酒吧、爱尔兰酒吧、乡谣酒吧、隐蔽的树酒吧等，纷纷四散而去。而今，三里屯虽然比往昔要规范而有序得多，但往昔的那种热闹非凡、绚丽异常、逍遥自在而令人魂牵梦萦的感觉也几乎荡然无存了。酒吧现在仅是三里屯夜生活的景观之一，而不再是其最主要的景观；三里屯也仅是当下京城酒吧街的表征之一。但不管怎样，三里屯酒吧街曾经作为一代西方淘金者、中西艺术青年与时尚者们的某种青春之梦与迷幻时空，却是一个不争的事实。

　　三里屯的理性而又合乎公益的到达方式是：乘坐地铁 10 号线在农展馆站下车，出站向东步行约 300 米即到；或乘地铁 2 号线在东四十条站下车，出站换乘 113 路、115 路等公交车，在三里屯站下车即到。

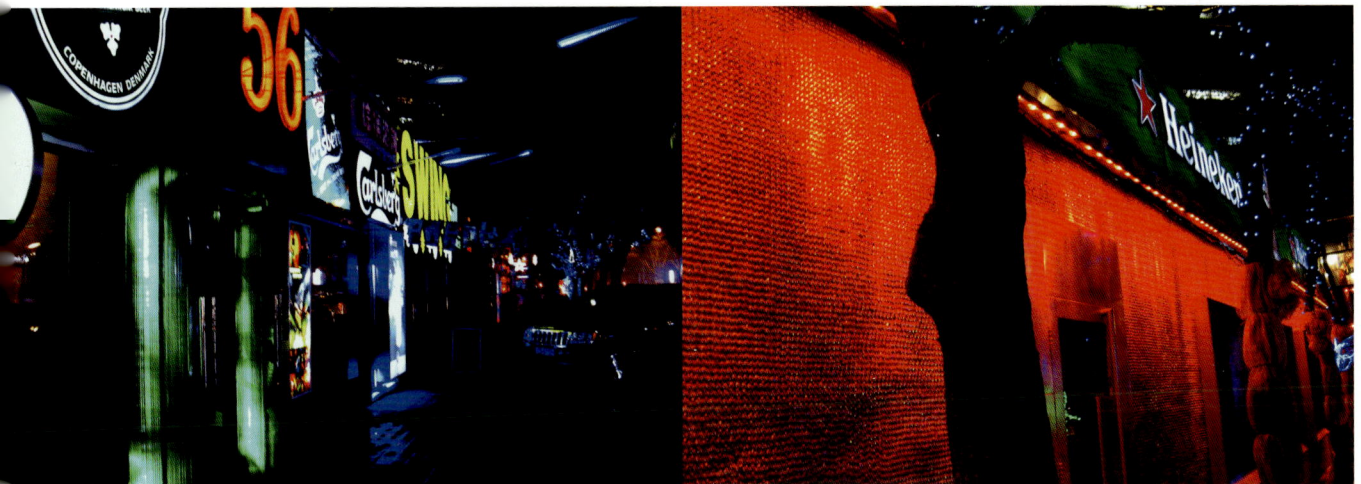

灯火阑珊·沧海桑田

迷失、幻觉与嗅觉

闹中取静的"书虫"(The Book Worm)风采

作为一个别具特色的书吧,"书虫"是由一位西方女士所开,位于三里屯南街 4 号院,是一个布满了万卷中外图书的典雅空间。目前,在成都与苏州还另有两家"书虫"的分店。"书虫"中的书籍主要以外版书为主,这里既为人们提供了一个交友、饮酒、喝咖啡、吃饭的儒雅空间,更为人们提供了一个读书、上网与陶冶性情的诗意空间。这里还经常举办一些新书首发活动,此外,还一度于每周三晚举办由英、法、汉、意等多语种所交织而成的诗歌朗诵交流活动。这里的书籍,既可以在此饱览,也可以购买,在这个意义上讲,它又带着某种书店的性质。总之,它在具有餐饮、休闲之功能的同时,又具有图书馆、阅览室与书店的功能,此外,还具有举办小型文化与艺术交流活动之功能。因而,它的一切都是开放性的,它为处在当代都市特殊语境中之人们的心灵空间,提供了一个良好的汲取智识以自我充实、自我修复、自我完善的平台,它赋予了五光十色的三里屯难得的文化品位、思想深度与艺术气息。

而从商业理念上来讲,"书虫"的定位是极其巧妙的,它使商业与文化、娱乐与艺术、物质与精神的融合成为可能,并为全球性地正在陷入误区的咖啡馆、酒吧、网吧与书店指明了某种航向,尤其是其所开辟的精神空间,对密不透风的未来社区来讲,将具有着非同寻常的启发意义。

典雅之声部

世界杯之夜

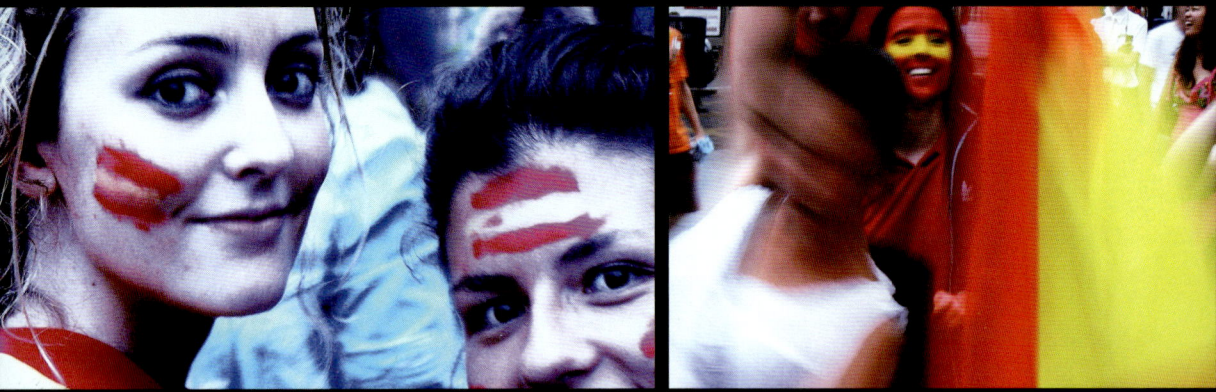

通宵狂欢·超越界限
图为 2010 年世界杯决赛之日，北京三里屯的各国观众通宵收看现场直播并于清晨走上街头庆贺西班牙队勇夺冠军的情景。

插曲：雪夜写真

梦想与过程

图为 2013 年春节前夕，在解放军总参谋部总医院斜对面的一座小铁桥旁，一根植北京的异乡人在雪夜劳作的动人场景。

南锣鼓巷夜色

　　始建于元朝、至今已有 700 多年历史的南锣鼓巷一带，据称是我国目前"唯一完整保存着元代胡同肌理、规模最大、品级最高、资源最丰富的棋盘式的传统民居区"。全长 786 米、宽 8 米的南锣鼓巷，从南到北，东西两侧各有八条胡同，东边的八条胡同分别是：炒豆胡同、板厂胡同、东棉花胡同（中戏与江湖坐落于此）、北兵马司胡同、秦老胡同、前圆恩寺胡同、后圆恩寺胡同和菊儿胡同；西边的八条胡同分别是：福祥胡同、蓑衣胡同、雨儿胡同（国画大师齐白石曾居住于此）、帽儿胡同、景阳胡同、沙井胡同、黑芝麻胡同与前鼓楼苑胡同。南锣鼓巷街区由四条呈井字形的街道合拢而成，北边是鼓楼东大街，南边是地安门东大街，西边是地安门大街，东边是交道口南大街，居于这四条大街之中的，是元大都时的两个坊（坊乃是一种缘起于北魏的古代居住区组织的基本单位），两个坊以南锣鼓巷为界，巷东是"昭回坊"，巷西是"靖恭坊"。

　　由于篇幅所限，本书无法兼顾南锣鼓巷的方方面面，特别是无法对东西两侧拥有悠久历史的八条胡同进行一一介绍，只能对这条南北走向的宽约 8 米的街道投去关注的一瞥。就今天在京的常来南锣鼓巷游逛的人而言，绝大多数人所光顾的也正是这条街道。何以会如此呢？很简单，多是因为南锣鼓巷这条街道沿街两侧缀满了灯光迷离的酒吧和咖啡馆。与三里屯的酒吧在空间格局和装修上偏重洋气的特点不同，这里的酒吧和咖啡馆大多偏重土气，即旨在追求某种老北京原生态的品位。整个巷子，大多数酒吧和咖啡馆直接以街道两侧的原有院落为基本空间，在此基础上略加修饰和装点而成。亦即是说，当今的南锣鼓巷并不主要是以古代胡同和四合院，而是在以一条新兴的酒吧街而闻名遐迩的。另外，与三里屯酒吧街、朝阳公园酒吧区和后海酒吧区不断陷入庸俗化的不良风尚不同，南锣鼓巷酒吧街至今仍保持着一种趋于朴素的作风，绝少有拉客、宰客的现象，来此放松喝酒、品咖啡的人，中外客人大约各半。在众多的酒吧和咖啡馆中，像老伍酒吧、沙漏咖啡、8m²、69 等，是其中较有代表性的几家。虽然南锣鼓巷以酒吧为主，但酒吧却并不是其全部，除酒吧以外，还有饰品店、古玩店、特色小吃店、军品店、美容店和按摩店等。凡此种种，都将南锣鼓巷妆扮得多姿多彩。作为当今京城最具代表性的四大酒吧区之一，南锣鼓巷以崭新的姿影，在勾勒着、描绘着京城诱人的夜生活。

　　南锣鼓巷的理性而又合乎公益的到达方式是：乘坐地铁 6 号线在南锣鼓巷站下车，出站即到。

恍若梦境

新异视界与古老民俗

CBD 夜色

就绝对光亮度和被灯光耀亮的总面积而言，CBD之夜应该是当下北京入夜后最为灯火辉煌的一个地方。但与以五光十色的酒吧区为代表的夜色世界不同，CBD之夜更多地是一种视觉上的、感官上的与氛围上的，即它旨在为了让人观看和感受的，而不是让人们来这里过夜生活的，也不是为了让人们来此消费、消磨时光和释放过剩能量的。

CBD之夜并无更多的意涵与所指，亮丽的灯光首先是为了照明，其次是为了对建筑物姿影能够起到一种有效的勾勒和投射之作用，进而去达到一种渲染和炫耀之目的。惟其如此，CBD之夜常常比白昼显得更具几何感与空间感，更充满线条的交织感与律动感。

与世界各大都市的流行性夜色相似，CBD之夜也多以冷色调为主色，此种冷色景象还无形中透着这样一个显而易见的特质：即充满幻想又冰冷异常。这种感觉和印象，可能也正好折射出了当代世界的某种存在本质与真实情形。

实验剧场式的夜幕景象

激情之交响·幻梦之驰翔

经纬之语